百年巨匠
Century Masters

林风眠

孙晓飞 ◎ 著

文物出版社

图书在版编目（CIP）数据

林风眠 / 孙晓飞著． —— 北京 ：文物出版社，2017.9
（百年巨匠）
ISBN 978-7-5010-5190-8

Ⅰ．①林… Ⅱ．①孙… Ⅲ．①林风眠（1900-1991）
－传记 Ⅳ．①K825.72

中国版本图书馆CIP数据核字(2017)第187712号

百年巨匠·林风眠

著　　者	孙晓飞
总 策 划	刘铁巍　杨京岛
责任编辑	张晓曦
责任印制	张道奇
责任校对	赵　宁

出版发行	文物出版社
社　　址	北京市东直门内北小街2号楼
网　　址	http://www.wenwu.com
邮　　箱	web@wenwu.com
制版印刷	北京图文天地制版印刷有限公司
经　　销	新华书店
开　　本	710×1000　1/16
印　　张	13.5
版　　次	2017年9月第1版
印　　次	2017年9月第1次印刷
书　　号	ISBN 978-7-5010-5190-8
定　　价	49.80元

宣传巨匠推广大师 为时代树立标杆

蔡武

文化部原部长 《百年巨匠》总顾问

文化精品创作工程包括重大出版工程、影视精品工程。《百年巨匠》就是跨界融合的一个重大文化工程，它深具创意，立意高远，选题准确、全面，极富特色，内容精彩纷呈，内涵博大精深，基本涵盖了我国 20 世纪这一特定历史时期在文学艺术方面的成就及其代表人物。它讲述的不仅仅是各位巨匠的传奇人生，更是他们的文学艺术成就同民族、国家，同历史、文化，同当代世界，同 20 世纪风云激荡的年代，以及同人民的命运都是紧密相连的。他们的成就对整个社会产生了重要而深远的影响。因此，立足 21 世纪的当今，系统全面科学解读巨匠人生与大师艺术，有着特殊而积极的意义，是社会和时代的要求。

作为一个有影响力的文化品牌，《百年巨匠》的表现形式也是多样的。《百年巨匠》丛书和纪录片互动互补，是出版界与影视界的跨界合作与融合发展，形成了叠加影响和联动效应，进一步丰富和扩大了品牌的内涵和外延。在信息社会"四屏"时代，用这样的一种方式来表达重大深刻的主题，具有重大的创新意义，是对中华优秀文化传承发展进行创造性转化、创新性发展的成功探索。体现出强烈的历史感、时代性、民族性，具有鲜明的中国特色，必将产生深远的影响。

一个民族自立于世界民族之林，离不开民族的自信心与自尊心。而民族的自信心和自尊心有其思想基础和人文轨迹，即对民族文化的重要代表人物和优秀传统应当有比较全面的了解并进行广泛传播。一个国家的历史需要记录，文化艺术同样如此。《百年巨匠》丛书秉承文献性、真实性、生动性原则，客观还原大师原貌，以更为宏阔的历史维度对大师们所经历的时代给予不同视角的再现和解读，为读者开启一扇连接 20 世纪中国近现代文化艺术史的大门。

巨匠们的艺术成就、人生经历、精神高度，彰显了中华民族文化在这个时代所能达到的高度，不仅有文学艺术上和文化史上的价值，而且有人文思想美学上的划时代性贡献。《百年巨匠》可以增强我们的文化自信和实现中华民族伟大复兴的意志。

《百年巨匠》还有一个重要意义，它能够激励我们后来人砥砺奋进，勇攀高峰。这些文化艺术巨匠有着深厚的爱国情怀和强烈的民族责任感，他们将个人荣辱兴衰与国家、民族命运联系起来，用文化艺术去改变现实，实现理想。在新旧道德剧烈冲撞中，他们所表现出来的高风亮节是后来人的楷模。他们所传导出的强大正能量，会激励一代又一代广大读者，对促进我们整个民族新一代的教育与成长，有着非常重要的启迪意义。他们的精神是引领和鼓舞我们再出发的航标与风帆。

《百年巨匠》也给了我们很多的启示，可以帮助我们回答和破解"钱学森之问"。20 世纪产生了那么多的大师，新世纪、新时期我们应该如何助推产生出新的大师？这些巨匠的成长轨迹给我们揭示了大师们成长的规律，如要深具家国情怀，要胸怀高远理想；要深深扎根于人民，与人民同呼吸共命运；既继承民族优秀传统文化，又要勇于创新；并以非常包容的心态去拥抱一切文明成果等。

《百年巨匠》仅反映了20世纪百年的文化形态和人文生态，我们应该把这个事业延续下去，面向21世纪。对艺术大师的发掘是通过他们的作品来体现的，而他们的作品既是中华文化的传承，又进一步丰富、创新了中华文化的构成。从这个意义上讲，宣传这些艺术巨匠就是弘扬中华文化。这些艺术巨匠作为中国名片，拥有较强的国际影响力，这一工程的推进，可以有效推动中华文化和中国出版走出去。不仅仅局限于艺术领域，还可以从广度上、外延上扩大至整个文化领域，甚至把科技、教育等领域的巨匠们也挖掘展示出来。

一个国家文化事业的繁荣与发展，既需要广大艺术家的努力，也需要大师巨匠的引领。宣传巨匠，推广大师，为时代树立标杆，无疑是我们责无旁贷的历史责任。巨匠之所以是巨匠，大师之所以能成为大师，是因为他们以具有强烈时代感和创新精神的作品站在了巅峰。而他们巨作的背后，是令人钦佩的工匠精神，这种工匠精神的发掘和弘扬在当下具有重要的现实意义。同时，这百年的文学艺术史已有的众多成果，从学术上也要系统总结。而长期以来一直困扰我们的一大难题，就是如何把这些重要的学术研究成果进行转化和再创造，使之成为可被大众接受、雅俗共赏的精品佳作。从这个意义上讲，《百年巨匠》丛书的出版也是非常值得赞许的。

当前，我们的文化艺术事业虽然取得了长足的进步，但是相对于时代的重任，人民的厚望，尚有作品趋势跟风、原创性匮乏、模仿严重等问题，希冀大家在《百年巨匠》作品中得到更多的启迪和感悟。

我们国家正处在重要的历史时期，为我们文艺创作提供了丰沃的土壤和广阔的空间。中华民族的伟大复兴，呼唤一切有为的文艺工作者，为繁荣中国特色社会主义文化、建设社会主义文化强国，奉献毕生的才华和创作热情，将高度的社会责任感和历史使命感化作文艺创作的巨大动力，创作出无愧于时代、无愧于祖国和人民的优秀文艺作品，让我们这个时代的文艺创作异彩纷呈，光耀世界。

目　录

第一章 ｜ 乡：爱与恨

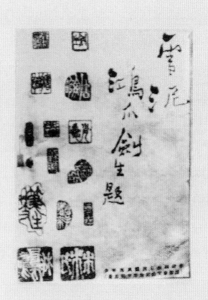

少小离家老大回。这几乎是所有宦游在外的游子们的人生理想画图。

但离开家乡后，林风眠却再也没有回去。他嘴上不断说想念家乡，但双脚却表达着另外的观点。

出生之地

林风眠终其一生都是个孤独者，无论艺术还是生活。

林风眠 1900 年出生于广东梅县（今梅州市）西阳镇阁公岭村。

由于缺乏营养，出生时又小又丑，险些被家人抛弃。是母亲把他从死亡边缘拉回。家人的遗弃与母爱的挽留，一定上演过一场惊心动魄的家庭悲剧。家人歇斯底里的狂吼，与母亲痛彻心扉的哭喊，一定像滚烫的铅汁一样，在他懵懂无知的某一天，灌入了他的灵魂。

虽然那时他全无记忆，亲人的不喜欢和不接受，不会在他的心灵里留下阴影，但或许这样的残酷气息，仍然在他的生命深处留存。

林风眠出生于一个石匠世家。这是一个靠诚实劳动而获得尊敬的家庭，有着吃苦耐劳的良好家风。因此，家人给他取了个"阿勤"的乳名。

1900 年，对于大清朝来说，是个耻辱的年份。对于以石匠为业的林家来说，国家的磨难与他们关系并不大。某种意义上，对于小阿勤自己来说，则可能意味着积极的改变。

坚船利炮的到来，迫使中国不得不打开国门，被动地开启了近代化的进程。历史推动着每一个中国家庭，向着未知走去。

林风眠家乡风景

客家人有重农事的传统,"民惟力耕,不事他技"。从事农业是客家地区的主业,不管是男是女,都要为了生计,下地去侍弄自家的一亩三分地。

由于种种原因,客家人不断迁徙。因为是外来者,又重视农耕,不可避免地与当地土著因土地问题发生争斗。

由于生存环境恶劣,客家人养成了好斗的习性。19世纪以前,客家人不断与徙居地的地方势力抗争。历史记载,客家人经常与当地土著发生械斗事件。

虽然生性好斗骁勇,但长期的大规模械斗,让客家人在人力与经济方面的损伤非常之大。一旦占了下风,客家人只能被迫离开家园,上山为盗匪,不但自己被迫离开主流社会,也成为社会治安的大问题。

有关资料显示,清廷为了解决土客械斗问题,将珠江三角洲的部分客家人遣散回粤东客家原乡乃至外省。这一政策,导致珠江三角洲地区客家人口锐减。

太平天国运动爆发,不少广东客家人或被裹挟或主动参加。运动失败后,客家人的生存空间进一步逼仄,在广东和广西 —— 清廷对客家人的压制非常严厉。

客家人的生活在清朝末年也发生着变化:随着经济的发展,客家地区人口不断增加,人多地少的矛盾日益尖锐化。

因此,在客家地区,五行八作都极为发达。客家女子从事编麻绳、挑柴火等一些体力劳动;而男性则推起鸡公车,去从事人力运输,有的去山间当起了伐木工人。

聪明的客家人选择去当各种工匠,作为自己和家族的职业:木匠师傅、泥水师傅、锡匠师傅、补锅师傅、补鞋师傅、制土砖师傅、修伞师傅、修坟师傅,不一而足。

百年匠匠
Century
Masters
林风眠
Lin
Fengmian

技术含量稍高一些的，还有织布机师傅、染布师傅、铸铁模具师傅。

林风眠祖父是个石匠师傅。据笔者的研究，应该是传统的建筑类石匠。

林风眠的出生地阁公岭村有很多华侨。他们远渡重洋，外出谋生，主要分布在非洲的毛里求斯和留尼旺。前者曾是法国殖民地，法语是那里的主要语言，而留尼旺则至今是法国的海外省。

华侨们心系家乡，热心家乡的公益事业。一块立于1937年的《阁公岭重修乡道记》，记录了众多华侨们对家乡公益事业的支持过程。

梅州当地的林风眠研究者刘奕宏认为，大量的华侨赚了钱以后，把钱汇回家乡建造房子，而"侨资支撑建起的新房，需要大量的雕刻和壁画来装饰，从而为林风眠祖父、父亲一类的工匠提供了用武之地，也在白宫催生了一批民间画家"。

也就是说，林风眠的父祖两代，都是建筑业中不可或缺的中坚力量 —— 由于建造房屋的需要很多，石匠就成为刚性的工作需求。因此，林家的生活也并不是一贫如洗。

林风眠故居 —— 敦裕居，位于梅县西阳镇白宫阁公岭村。建于清代，占地面积1155平方米。

由此可知，林家的祖上也曾经阔过。

刘奕宏先生如是描述林家祖宅：这幢古老的建筑坐南朝北，前拥涟漪云影山色的半月形池塘，后枕连绵苍松翠竹的老虎岩顶山。正立面依山形地势以鹅卵石垒筑高台基，与池塘形成较大落差，使低矮的凹式门楼显得挺拔。右侧沿池塘口、沿石砌台阶形成直角连接大门门前小门坪。在大门门坪中轴线北尽端筑一矮墙，如同照壁般挡住了直观内庭院的视线，小小的曲折变化，使人从外观屋内不至于一览无遗。大门门额署：敦裕居。由林风眠的父亲十八世祖伯恩公亲书，墨写行书体，结体严谨，行笔雍容大度，字迹仍依稀可辨。鹤顶格式门联曰："敦崇礼义，裕荫裔孙。"

刘奕宏在文章中说，"敦裕居主体建筑为四合院式附筑一横屋的客家传统民居。悬山式，土木石结构、夯筑夹砌泥砖、灰瓦面平房。平面布局为双轴线，沿南北中轴线北端设门楼，南端右侧辟一小门，与大门成犄角，避免了在同一轴线上的大小门相对。进入大门后即是纵向长方形的庭院，一门一窗饰木直窗棂的房间、厨房排列有序，围成四合院，突出了全用鹅卵石铺砌的庭院，宽敞的空间，阳光充足。庭院石头缝隙中长出盛开各种鲜艳花朵的小草，点缀着农家屋舍，显得生机勃勃"。

1962年，林风眠在一篇文章中这样深情地回忆起自己的家乡："我从小生长在一个山村里，对山上的树，山间的小溪，小河里的

林风眠祖居

一块一块石头，既熟悉又喜爱……40年没有回去过，但童年的回忆，仍如在眼前，像一幅一幅的画，不时的在脑海中显现出来，十分清楚，虽隔多年，竟如昨日……"

在《阁公岭林氏族谱》中，一个名为"林绍群"的人被记录在册，这个名字也被铭刻在林风眠祖父林维仁的墓碑上。而"林绍群"，就是林风眠在家乡时，曾经使用过的名字。

在他的家乡西阳明山山麓，位于燕生岩附近的蜡石溪溪畔，盛产一种青石，可以用来制作房屋的门框和墓碑的碑石。

正是这种大青石的存在，才有了他父祖们的生计。

林风眠在狱中自述中写道："祖父是石匠，父亲继续石匠的职业，做雕刻坟墓石碑等工作。"

也许，是做建筑石匠的竞争太过激烈，也许，是林风眠出生以后，当地华侨的建筑需求已经不似以往。所以，靠盖房子已经维持不了生计，他父亲的主要职业已经只能雕刻墓碑了。

也或许因此，他家的经济境况日渐穷蹇。

美丽妈妈

林风眠的学生张炳清曾经撰文说，"林先生的母亲姓阙，是个永远年轻，永远美丽的妈妈"。

在张的叙述里，谈及林风眠母亲的出身和民族，"母亲来自山区，又是苗、瑶族的后代，生性天真朴实，却受到长辈的歧视与欺侮"。

《肖像》20 世纪 60 年代

林风眠的这段身世，在陪伴他晚年的女画家冯叶的文章中，也曾经提及。

关于林风眠的母亲到底属于哪个民族，至少存在着两种说法：一种是汉、苗和瑶混合的后代；一种是苗。

客家在迁徙的过程中，不断与当地的异族通婚。因此，一部分客家人并不排斥与异族通婚。

但通常情况下，客家并不愿意与外族通婚，主要原因是文化问题。

长期研究客家文化的罗香林教授，总结出了明清客家人的普遍特性：1.各业的兼顾与人才的并蓄；2.妇女的能力和地位；3.勤劳与洁净；4.好动与野心；5.冒险与进取；6.俭朴与质真；7.刚愎与自用。

客家女子无比勤劳，从"家头教尾"（养儿育女）到"针头线尾"（缝补衣服）、从"田头地尾"（耕田种地）到"灶头锅尾"（操持家务），这"四头四尾"，几乎个个客家女子都能胜任。

从林风眠的回忆可知，他的母亲也是一个合格的"四头四尾"女子，嫁到林家后，为林家做出了很大贡献。

女画家冯叶在文章中说，林风眠曾经亲口对她讲过：他的母亲是"离白宫镇比较远的山里人，姓阙，名阿带，中等身材。我的祖父、父亲都是单眼皮，像北方正统的汉族，母亲大概是山居的汉族与本地的苗瑶混合的后代"。

这一叙述与柳和清的说法，似可相互印证。

有的学者认为，由于客家禁止同族同姓通婚，再加之先民们经常与迁徙地的土著民众发生械斗，与当地土著关系恶化。所以，当客家男子无法在客家女子中寻找到合适的结婚对象的时候，就不得不与一些少数民族女子结婚。

据《梅州日报》2009 年的一篇报道，梅州当地共有畲、壮、瑶、满、回、苗、黎、侗、彝、藏、京、水、蒙古、土家、高山、朝鲜、布依、哈尼、锡伯、傈僳、仫佬、维吾尔、哈萨克等少数民族 23 个，总人数约有 3000 多人。

该报道说，"境内的少数民族同胞大部分是因工作和婚姻关系而来梅的，还有一部分是解放初期随南下大军来梅的"。

也就是说，苗族在梅县人数并不多，那么，林风眠的母亲到底来自哪里？

有的学者认为，"在客家民系形成之前，即为客家先民；在客家民系形成之后，凡认同客家方言、客家文化者均为客家人"。

我们可以因此推测说，林风眠母亲的家族，很可能就在当地，其

《宝莲灯》约 20 世纪 60 年代

家族已经融入当地客家的文化中，接受了客家语言和习俗，生活习惯几同当地客家无异。

在一些苗族聚居区，苗族通常也不与其他民族通婚。若要通婚，通常只有苗家姑娘喜欢嫁到客家来，而客家姑娘却是不愿意嫁到苗家去的。

如果林风眠自己晚年的回忆是可靠的，那么，林风眠母亲的家族很可能已经被"客家化"，加之本族人数在当地较少，无法做到同民族通婚，嫁给客家人也是必然的选择。

然而事实上，6 岁时的林风眠的记忆严重有误，加之他终生没有回过故里，对于母亲的民族、居住地，都所知有限。

林风眠母亲的家乡，其实就在林风眠的家乡西阳。

据可靠的资料证实，林风眠的母亲家住西阳镇白宫鲤溪村，与林风眠家的实际距离并不太远，直线距离只有约三四公里。

他的母亲阙氏，不是苗族，也不是瑶族，更不是林风眠自己陈述的"汉语与苗、瑶族混合而生的后代"。

根据阙氏族谱提供的可信资料显示：广东省阙氏，经近年普查，已查清的阙姓世代族居的行政村共 41 个，分布在粤东的梅县、丰顺、大埔，粤北的始兴、南雄、仁化、乳源、英德，粤中的清远、三水、斗门、台山云浮，粤西的高州、阳春共 15 个县市，总人口超过 7000 人。其中，粤北阙氏是从江西省抚州市临川县迁粤的，其余均源自闽西、南。

林风眠母亲的祖上，迁居西阳渡，据鲤溪村坪上宜信宗亲函告："友义公最先居西洋渡背村，不久即迁居白宫富良美村陂唇(陂唇今仍称老阙屋)，因火灾离陂唇携眷迁白宫明山村炉肚里，至友义公子宗达公，才携眷离炉肚里肇业于鲤溪村坪上，而桃坪村阙姓是由坪上分派出来的"。

鲤溪村阙氏也是当地大族,村里建有阙氏宗祠 —— 邳州堂。

也就是说,林风眠母亲阙阿带娘家也是当地的客家大户,其祖屋阙氏"留耕居",虽然破败塌毁,至今仍然有旧址存留。

据当地媒体提供的资料介绍,"留耕居"坐落在离阙氏宗祠 —— 邳州堂一箭之遥的右前侧。坐东北向西南,占地面积约 500 平方米,始建年代不详,因年久失修,20 世纪 90 年代坍塌,仅存残垣断壁。

"留耕居"原为四合杠式的客家传统民居建筑,多轴线,平面布局中轴对称。夯土墙、抬梁式构架、灰瓦面、木石门窗。主轴线上设主门楼,上、下堂,中间辟天井;左右副门列杠朝主堂设横厅。现存右侧列杠可见原建筑规模。

画家朱迪光曾经探访过林风眠母亲的家乡,受到阙氏族人的热情接待。他在文章中说,"有关林风眠母亲阙阿带的身世,在网络里,在一些文章中有把林风眠母亲阙阿带说成苗族人,有把林风眠母亲阙阿带的人生际遇描述成遭受了'点天灯',或'浸猪笼'等等,不一而足。此现象,或哗众取宠,或道听途说,或以讹传讹,均为不严谨、不负责任的信口开河与胡编乱造"。

染坊悲剧

百年匠匠
Century
Masters
林风眠
Lin
Fengmian

及长，迷恋新事物的林风眠不经意地导致了一场灾难，反过来，在这场灾难中，是他挽救了母亲的生命。但这样的一还一报，似乎就是为了让他永久地失去母亲，而不至于让他在精神上对母亲有太大的亏欠。

年幼的林风眠每天都会陪着祖父一起上山雕刻石料。傍晚收工后，他特别喜欢去村上的一家染坊。虽然那是一处很简陋的小店，只有靛青等几种颜色，但他看见农民们原本粗陋、破旧的衣服经过染色，顿时焕然一新时，常常觉得神奇不已，于是就带着自己漂亮的母亲一起去看印染。

著名影星王丹凤的先生收藏家柳和清，与林风眠私交甚好。在接受媒体的采访时，柳和清介绍了他所知的这一段林风眠家事：他（林风眠）常常对我说，"要是我小时候没有带母亲去那家染坊，或许也不会发生后来的悲剧了"。

据柳和清说，林风眠自幼对颜料极其喜欢。村上有一家染坊，是村里的"颜料集中营"，可以变魔术一样，把普通的土布变成有颜色的好看布料，因此，常常缠着妈妈带他去染坊玩。不想，妈妈和到染坊帮忙的一个年轻人有了私情。

在当时的农村，这是极大的丑闻，更是被封建礼教所不容。因此，林的妈妈先是被捆起来殴打示众，接着就要被杀死。年仅6岁的林风眠原本被关在家中，感知了母亲的危难，"他奋不顾身打破了窗户，及时赶到祠堂，护着母亲鲜血淋漓的身躯"。

女画家冯叶女士在一篇文章中，对柳和清介绍的这一事件加以印证："在我义父大概 6 岁的时候，他母亲跟了一位临时到村里来染布的青工逃走了，只有十几天吧，就让林姓族人给抓了回来，打她，游街不算，还往她头上淋了一桶火水（汽油），说是要烧死她"。

冯叶在文章中说，也许是空气中有什么东西在飘散，提醒林风眠他即将失去自己的母亲。因此，他"找到一把刀，冲出屋门大叫，要去杀死他们，杀死全族的人"。

《死》（局部）20 世纪 20 年代

最后，辱灭林家家风的母亲，还是被卖了。林风眠"溜出去看她，母亲抱着他大哭了一顿，从此就天各一方了"。

在此种惨烈状态之下，与挚爱的母亲生离，林风眠小小的脆弱的心灵，一定被现实的尖刀划得鲜血淋漓。从此，他的内心深处，必定充满了恐惧、不安和寒冷。

渴望温暖，同时又不相信这悲凉的世界，在这样的矛盾心态下，林风眠一生都在苦闷中挣扎。

客家人极重贞节，许多宗族的族谱上都写着若干族规族训，而"剪奸淫"通常都会被重重地写上一笔：后嗣敢有悖律乱伦，无谓有服无服，或蒸或乱，事觉闻族，吊谱盖名，永不入嗣。

事实上，也许正如画家朱迪光所说，关于林风眠母亲"浸猪笼"的传言不大可信。

石匠祖父

百年巨匠
林风眠
Lin
Fengmian
Century
Masters

少而失母，对于林风眠来说，当然是人生的重大挫折。因此，他的作品中，总是充满阴郁的"童年回忆"，而作品也一再重复着"救母"的主题。

幸好，祖父对他甚好，给了他另一重人间温暖。

在林风眠的回忆里，祖父永远是那么的慈爱：走到哪里，把他带到哪里。

林风眠在回忆文章中说：

> 我出生于广东梅江边上的一个小山村，当我六岁开始学画后，就有热烈的愿望，想将我看到的，感受到的东西表达出来。后来在欧洲留学的年代里，在四处奔波的战乱中，仍不时回忆起家乡片片的浮云，清清的小溪，远远的松林和屋旁的翠竹……

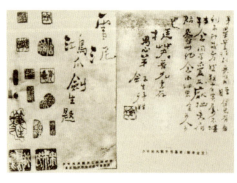

林风眠少年时代的手书墨

这里所说的 6 岁学画，就是跟随其父亲临摹《芥子园画谱》。

1958 年，林风眠对访问者回忆过自己的学画经历，说"七八岁开始学画，是以芥子园开头的，掌握了中国画规

14

律，工笔（花鸟）、山水都会画，学会了中国画的科班"。

这些训练对林风眠非常重要。

林风眠回忆说："我从小对绘画就很有兴趣，这，用不到如何多说，大家一定会相信的，要不然，我决不会二十多年来都在绘画方面努力。"

幼年时的学画经历，让他对中国画产生了浓烈的兴趣。"于是，我就对国画中的山水呀、花鸟呀很有兴趣，我研究它们，欣赏它们，也学习着涂抹它们"。

关于林风眠的父亲到底是个什么样的人，林风眠自己也所说不多。

林风眠的文章里，多提及他也是个石匠，但也有些文章，说他会画画。证据便是他教儿子画《芥子园画谱》。

据刘奕宏先生介绍，离林风眠家不远的岗子上村，有画家叫吴雨村，又名吴星淞，以写意花鸟称道于乡间。而新联村枫树下的李寿恺，更被称为"民国梅县四大画家"之一。李寿恺擅长花鸟，精于没骨花卉，曾经南游东南亚的印尼爪哇等地，最终在家乡郁郁去世。

或许，这些民间画家，对喜欢绘事的林雨农，也有过影响，或私淑，或拜访，或讨教，都有可能。

但在林风眠的所有回忆中，都没有父亲精于绘事的相关文字，因此，林雨农大约也只是照《芥子园画谱》临摹，有些粗浅绘画功夫的乡间业余画者而已。

祖父林维仁对年幼的林风眠十分疼爱，成天让他守在自己身边，看他刻石碑上的图案和花样。

这样的日子枯燥而乏味。

日复一日，年复一年，但对于这位老石匠而言，或许，让孙子阿勤像他的父亲一样，子承父业，让石匠手艺代代相传，才是这位祖父亲的心愿。

据说，幼小的"阿勤"是祖父的好帮手，每天都愿意跟祖父一起去雕刻石头。祖父常常对他说："你就老老实实继承我的石匠手艺，不要去想那些读书做官的事，日后做什么事情都靠自己的一双手，就可以混口饭吃。"

1963年林风眠撰文《回忆与怀念》，回忆了他的故乡和童年生活，"儿时就成了祖父的小助手，守在他身边，帮着他磨凿子、递锄头；看他在石碑上画图案、刻花样"。

在林风眠的记忆里，祖父"无论四季阴晴，都是光着脚板"，从小就教诲他"脚下磨出功夫来，将来什么路都可以走"。

成名后的林风眠深情地回忆道："祖父已经去世几十年了。他说给自己的一些话，像被他用凿子刻进我的心里一样，永远也磨不掉。现在的我，已经活到我祖父的岁数了。我不敢说能像祖父一样勤劳俭朴，可是我的双手和手中的一支笔恰也像祖父和他手中的凿子一样成天是闲不住的。不过祖父是在沉重的、粗硬的石头上消磨了一生，而我却在轻薄的、光滑的纸面上消磨了一生的。除了作画，日常生活中的一些事物，我也都会做，也乐意做。这些习惯的养成，不能不感谢祖父对我的训诫。"

据林风眠的侄女林素玲介绍，1980年，在她的建议下，林风眠汇款回乡，为祖父、父亲修建了坟墓，而立墓人则写的是他少年时的名字"绍琼"。

少年才子

　　林风眠的家乡，旧属白宫镇，今属西阳镇，这里是古代梅州通往潮州陆路的驿道所经之地。因此，占地利之便，经济和文化都比较繁荣。

　　与林风眠故居所在阁公岭相邻的将军阁，明初就涌现了张文宝、张纲这样的父子进士。

　　跨过白宫河，走进龙冈村，则是明代举人李素的家乡。他曾经创建拙庵书院，教育乡里子弟，传播湛若水的心学，不但使龙冈李氏成为书香望族，也带动了整个白宫的文化进步。明清几百年，白宫一带产生了7位进士，10多位举人。

　　客家人历来崇尚文化教育，梅州地区的客家，更是把送子女入学读书，当成人生的头等大事，自己再苦再累，也要供子弟读书。

　　据考证，清代的嘉应州（即梅县，也就是现在的梅州），书院、学宫、私塾、社学、义学等各类学校遍及城乡，有"十室之邑，必有一校"之说。河北籍嘉应知州王之正曾在其著述中这样赞叹嘉应州教育："士喜读书，多舌耕，虽穷困至老不肯辍业。"他于乾隆十五年（1750）立"人文秀区"牌坊于署前街，以志梅州文风之盛。

　　梅州历代创办的私塾书院形成了"四斋弦诵之声，不绝里巷"的梅州文风。由于崇文，所以劝学。至今，在客家地区广泛流传着这样的童谣："蟾蜍罗，咯咯咯，唔读书，冇老婆。"在人们喜闻乐见的民谚中传递崇文尚学的观念，也包含着"耕田爱（要）养猪，养子爱读书"、"子弟唔读书，好比冇眼珠"等劝学内容。

刘奕宏先生在相关文章中写道：旧时梅县的林氏宗族，普遍用"公尝奖"的资金鼓励本族学子读书。各地的林氏宗族把本宗族祖宗留下的公田、公山和其他宗族内的收入作为本宗族的集体资金，这种资金称"公尝"（即本宗族的公用资金，由宗族领导人管理），这些收入的一部分用于兴办本族的公益事业，一部分用于支持鼓励本族子弟上学。旧时有些学校是本宗族办的，有的地方则把祠堂作学堂，用公尝的钱请私塾教师，支持本宗族的学子完成小学教育。本宗族子弟学习成绩名列前茅者，给予奖励，贫穷家庭的学生免费读书，俗称"尝缴上学"。有些地方的林氏"公尝"可资助本族的学子读大学。每年学期考试或春节前夕，按学生的学业成绩给予奖励。

据此推测，林风眠少时很可能先读了宗族的私塾，然后进入白宫阁公岭村旧制初级小学 —— 立本学堂就读。

初级小学毕业后，林风眠入西阳公学就读，该学校1909年易名为"西阳高等小学堂"。

"西阳高等小学堂"1932年易名为"梅县第二十二区区立西阳初级中学"。1945年6月改名为西阳初级中学，仍兼办小学。1948年，学校在白宫红岽岗设立分教处，便利当地学子入学。

西阳中学

1904年，当时梅县西阳堡的有识之士黄访箕、胡俊卿先生等，召开全堡兴学大会，延请卢耕甫（也有资料写作耕圃）、黎启英二位先生为正副校长，以文祠、义仓和租用邻近人屋为校舍，分初等、高等两级授课。

文祠于1892年建成，祠中刻写着："时大清光绪十八年岁次壬辰冬月吉日，特授嘉应州正堂吴宗焯暨阖乡绅祈士鼎建。"

首任校长卢耕甫，名文铎（1870～1943），梅县白宫人。6岁入学，7岁能文，后中秀才。中国同盟会会员，早期在印度、孟加拉、泰国、马来西亚、印尼和香港等国家或地区从事发展组织和募捐等活动，后参加广州黄花岗起义，为民国梅州首任州长、省参议员、梅州镇守顾问。

卢耕甫负责潮梅的同盟会组织发展工作，以教书作掩护，边教书边做发动宣传民众工作。1908～1911年，卢耕甫在丙村三堡学堂（现丙村中学）任教期间，认识了叶宜伟（叶剑英）。因叶剑英与其子卢作轰（号春达）同班共座，所以他特别关心俩人的学习和成长。后来叶剑英与卢作轰一起考入务本中学（后转读东山中学），随后他们又考入云南讲武堂。期间叶剑英得到卢耕甫在生活等方面的资助。1925年国民革命军第二次东征，叶剑英率军进驻梅城，兼任梅县县长，其时卢耕甫住在梅城南门卢家祠，叶剑英多年尊称卢耕甫为"恩师"。

卢耕甫在1905年后又创办白宫公学（现白宫小学）和梅东中学（后并入梅州中学）。1925年又与廖道传、钟鲁斋、周辉甫等10多人，发动各方人士筹办嘉应大学，并担任首任校长，继而筹办南华学院和参与扩建东山中学。

高等小学毕业后，林风眠考入梅州中学。

梅州中学的前身是务本中学堂。

清光绪三十年（1904），务本中西学堂更名为务本中学堂，校址设在崇实书院。

百年巨匠
林风眠
Lin
Fengmian
Century
Masters

务本中学堂是吴登初、黄墨村等按照黄遵宪的《敬告同乡诸君子》一文而办的："兴邦之策，莫善于兴学。""深知东西诸大国之富强，由于兴学"。"变法之本，在育人才，人才之兴，在开学校"。

《敬告同乡诸君子》一文，从培养目标、学校体制、课程设置、教材教法，到师资建设、办学条件、经费筹集，以及学生来源等等，都有具体论述。

1912年广东省就将务本中学堂与1904年创办的东山初级师范学堂、1905年创办的嘉应官立中学堂、1909年创办的梅东中学堂四校合并为"梅县公立中学"，又称"公立梅州中学"。

1913年初，校名又改为"省立梅县中学"，小学部并入县立高等小学。由于经费自筹，且直派校长。这招致了一些师生的不满。时任校长叶则愚，教员叶菊年、邓少楼和叶剑英等一批学生离校抗议，后创办私立东山中学。

民国三年（1914），省立梅县中学改称为"省立梅州中学"。民国十年（1921）省立梅州中学更名为"省立第五中学"。

总之，随着从少年成长为青年，家乡的一切，在林风眠的世界中渐渐远去，就如同他的童年记忆一样：晦暗、模糊、失真。

离开家乡，他一去不回头。

终生没有让脚印再踏上故乡一步。

第二章 ——友：亲与疏

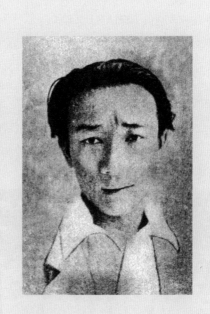

在林风眠的青年时代，有三个人的名字
几乎是与他始终相伴的。
他们就是林文铮、吴大羽和李金发。

事业挚友

林文铮是林风眠一生最亲密的朋友，中学的时候，两个人就是好友。

林文铮出生于印尼雅加达，14岁时返国回到家乡广东省梅县，在梅州中学就读，与林风眠同学。

据说，林文铮少年颖悟，口才卓异，在乡里颇有名声。有一次林氏宗亲会要公开募捐，用于公益事业，族里的长者选定了他上台演讲，获得成功。

从此，他在求学期间一直获得宗族的资金支持。

林文铮在梅州中学读书期间，喜爱诗文，与同学们一起组织了探

1919年，林风眠就读中学时与探骊诗社同学合影。林风眠（前排左五）曾任诗社副社长。中学同窗林文铮（前排左四）为社长，李金发亦是诗社的诗友

骊诗社，他是社长，林风眠为副社长。

诗社成员来自全校，鼎盛时有 50 多个。

1919 年 7 月，中学刚毕业后，正在彷徨的林风眠前往上海，在那里获知了留法勤工俭学的消息。

在上海街头巧遇林文铮，林风眠所不知的是，林文铮已经写信给他，邀请他到上海来寻求留学法国的机会，但林风眠离家来上海，没有收到这封信。

林风眠

从上海出发，林风眠和林文铮一起作为第六批留法勤工俭学的学生，前往法国留学。

林文铮回忆说："当时我在上海补习英文，欣逢蔡元培先生提倡青年学生留法勤工俭学的号召，立即函约林风眠来沪同去法国。1919 年 12 月 28 日，我和林风眠在上海乘法国邮船安德列雷奔号赴法，同船者百余人。1920 年 1 月 31 日抵马赛港，林风眠和我在枫丹白露中学补习法文，同学约有四五十人，其中有：徐特立、李立三、李富春等。"

有的学者认为，林风眠此去法国，用的是自己少年时中彩票的奖金，但近年来的一些更可靠的研究发现，林风眠去法国留学的费用，可能是其侨居毛里求斯的林姓同宗资助。

1920 年 1 月 31 日，林文铮、林风眠、蔡和森、蔡畅等百余留法学生，乘邮轮抵达法国马赛港。

刚到法国的时候，中国留学生们集体在枫丹白露中学学习法

巴黎国立高等美术学院

文。一年以后林文铮考取了巴黎大学，他主修法国文学，选修西洋美术史。

1921 年，林风眠考进法国国立第戎美术学院学习，9 月又转入巴黎国立高等美术学院就读，同时进入柯罗蒙（Cormon）工作室学习。

少年同窗，留学密友，两个人的关系非比寻常。

林文铮有着出色的组织能力，口才非常好，同时善于外交，1922 年春，留法中国学生们举推他为海外艺术运动社社长，并由他负责草拟学会宗旨。那时的林文铮，成为留法同学中的知名人物。

林文铮年轻时英俊潇洒，风度翩翩，同时性格外向，善于与人交流与沟通，所以非常有异性缘。

在众多欣赏他的女性中，他选中了巴黎大学法文系漂亮的法国女生玛利亚，两个喜爱文学的人相爱了。

玛利亚出生在一个法国中产家庭，父亲是个律师，母亲是个中学教师，在巴黎属于收入良好的阶层。

1923 年春天，受同学熊君锐之邀，林风眠与李金发、林文铮、黄士奇等开始为期近一年的德国游学。正是这次游学，对林风眠的创作产生了非常大的影响。游学过程中，他得以充分地接触了表现主义、抽象主义等新绘画流派，然后，接受了这些现代主义的创作理念，归来后创造了许多带有西方现代主义风格特征的作品，比如《柏林咖啡》、《平静》等。

也正是在这次游学期间，林风眠爱上了德国姑娘罗拉。

游学回法后，林风眠与林文铮以及朋友们成立了"霍普斯会"。1924 年 2 月，"霍普斯会"联合美术工学社发起成立了"中国古代和现代艺术展览会筹备委员会"，于 1924 年 5 月 21 日在法国的斯特拉斯堡举办了"中国古代和现代艺术展览会筹备会"，准备在法国东部城市斯特拉斯堡举办第一届中国美术展览会。

展览会延请了时在法国的蔡元培出任名誉会长。

为了这次画展，林风眠精心创作并展出了自己的 42 幅作品。

当时，正在法国留学的蔡元培获邀去参观画展，林风眠的画，给他留下了非常好的印象。

那次画展，林风眠展出了他的巨作《摸索》。

《中国艺术》杂志记者杨铮在写给国内的报道中，如是描述这幅巨作：

> 全幅布满古今伟人，个个相貌不特毕肖而描绘其精神，品性人格皆隐露于笔底。荷马蹲伏地上，耶稣之沉思，列夫·托尔斯泰折腰伸手，易卜生、歌德、凡高、米开朗基罗、伽利略等皆有摸索奥秘之深意，赞叹人类先导者之精神与努力。

出现在此次画展上的林风眠

1922 年，林风眠（中）与好友林文铮（右）、李金发在柏林合影

的其他作品，也同样引起人们的关注。

似乎是一种巧合，此次参选的画，多多少少都是带有一些悲剧色彩的作品，反映人类的痛苦、战争的创伤，体现了他艺术直接反映社会、艺术为现代社会服务的创作理念，更加重视艺术在现代社会中的意义和作用。

这些观念与蔡元培的艺术理念非常接近。

也正是从这时开始，蔡元培特别喜欢林风眠，给予他很高的评价。

当年10月，林风眠的两幅画《摸索》和《生之欲》，入选巴黎秋季沙龙展览。

巴黎秋季艺术沙龙（LeSalond'Automne）是国际最著名，历史最悠久的大型综合性艺术展览之一，这个一年一度的艺术盛会是在法国的世界级雕塑家罗丹和法国著名画家雷诺阿等人的倡导下，于1903年10月31日创办，并在1920年以"20世纪现在艺术之橱窗"扬名。

这个沙龙展的最初目的是为落选法国官方绘画展览的艺术家提供展示作品的场合，以后逐渐成为推动法国现代艺术和发现艺术人才的重要平台。有无数风格和流派的艺术家在该沙龙展出过他们的作品，其中包括高更、塞尚、马蒂斯、米罗、莫奈、毕加索和罗丹等人。

林风眠的画作能够入选其中，表明他的作品已经被西方现代艺术界所认可。

1924年4~10月，法国举行"巴黎国际装饰艺术与现代工艺博览会"，中国首次以政府参与的形式，建立了中国馆，林文铮就是这个馆的负责人之一。

林文铮为这次展览撰写了法文的介绍，而林风眠的作品，又格外让他欣赏。

在林文铮的眼里，《忧郁的沉迷》表现了一只老猴坐在古藤上望月沉思的景象。气氛宁静而忧郁，让人思及远祖们平和自然的生活和往昔的无限。而《令人赞赏的春天失去了她的香味》，则取自波德莱尔的一首诗，此画象征着短暂的欢乐。花开满树的梨树为薄雾所笼罩，一群燕子忧郁地飞过，一切仿佛都沉浸在梦中。在描绘春天的美景时，艺术家让我们思及梨花终会凋零燕子终会离去，欢乐和悲哀混合在一起，作品编织着深深柔情和惆怅。

林文铮说，林风眠的《悲叹命运的鸟》显然受到拉·封丹（LaFontaine）的著名诗歌《受伤的鸟》的启发，用十分东方化的手法描绘了一队水鸟在芦苇丛上飞翔的情景，气氛忧郁而哀伤，表现出夜的静寂、造物的哀叹和宿命。

在介绍林风眠时，林文铮写道：林风眠是中国最有前途的天才艺术家，他自由地游弋于东西两种艺术传统之间。他有着敏感和不安的心，东方的宁静不再能满足他，西方的枯燥与焦虑侵蚀着他，他无名的不安和生之欲望使之远离了中国古人。

蔡元培参观了此次展览会，看到了林风眠的《生之欲》，不禁称赞道："得乎技，进乎道矣。"

这句话，放在中国的传统艺术评价体系里，是一句评价极高的赞语。

由于与林风眠是旧相识，看到林风眠的成就，蔡元培非常高兴，赞叹不已。

当时，正在巴黎大学留学的林文铮担任中国馆的法文秘书，蔡元培在展品目录上写的序言，由他译成法文，林文铮自己也为展览会的参展作品，用法文写了介绍，蔡元培看后也极为赏识。

林风眠离开巴黎后，蔡元培先生夫妇由林文铮引路前往第戎乡下，去林风眠简陋的家中看望他，蔡先生在当地流连三天，临别时留下三千法郎资助生活处于困境的林风眠夫妇。

这年的秋天，林风眠的前妻罗拉因产褥热去世，林风眠一度沉浸在痛苦中不能自拔，又是林文铮与爱丽丝·法当联系，与他们牵线搭桥，让林风眠走出丧妻之痛。

总之，在林风眠人生的关键时刻，总是会出现林文铮的身影，给他以帮助和鼓励。

1927年夏，林文铮大学毕业，为了就业而四处求职，女友玛利亚的家人也很关心林文铮，帮他寻找工作。

在国内，蔡元培先生对当时教育部行政部门的官僚化习气深恶痛绝，提出了仿效法国，设立学区制，改设中华民国大学院的想法。改革的主要内容是改教育部为中华民国大学院，撤销地方的教育厅，将全国划分为若干大学区。在机构设置上，设立中央研究院、劳动大学、图书馆、博物院、美术馆、观象台等国立学术机关，教育上一切重要问题由新设的大学委员会负责，采用专家学者主持各个机构，行政上只设秘书处和教育行政处处理行政问题。

这项改革得到了政府的支持，1927年6月13日，国民党中央政治会议第105次会议议决通过了《大学院组织法》，17日正式任命蔡元培为中华民国大学院院长；其后的第109次会议又正式通过试行大学区案，决定先期在浙江、江苏试行。中国教育史上前无古人的教育管理体制改革试验正式亮相。

蔡元培上任后，即向林风眠、林文铮等人发出邀请，要他们到南京就职。聘任林风眠为全国艺术教育委员会主任委员，林文铮为委员兼秘书。

1927年秋，林文铮、吴大羽等人学成回国，他们从巴黎乘火车，途经苏联回到北京。

先期回国的林风眠则刚辞去国立北京艺术专门学校（简称"北京艺专"；后改名国立北平艺术专科学校，简称"北平艺专"）校长职务，与林文铮等人一起南下来到上海。

1927年12月，林风眠建议在长江之南，设立一所艺术最高学府。蔡元培立即表示同意，马上派林风眠、林文铮等去江南考察国立艺术院院址，最后选定了杭州西湖孤山旁的"哈同花园"。国立艺术院（后改名国立杭州艺术专科学校，简称"杭州艺专"）成立后，蔡元培聘林风眠为院长，聘林文铮为教务长兼西洋美术史教授。

据说，蔡元培让两人在一起办学的理由是：林风眠性格内向不善外交，林文铮善外交且有组织能力；林风眠是个著名画家和美术界精英，林文铮是一位美术理论家，他们一起办学，可以把学校办得更好。

1928年4月10日，蔡元培偕夫人，从南京到杭州，主持国立艺术院开学典礼。

蔡元培在学校开学典礼上，再一次宣布了他的教育理想："大学院在西湖设立艺术院，创造美，使以后的人都改其迷信的心为爱美的心，籍以真正完成人们以美育代替宗教的理想。"

被任命为院长的林风眠提出的学术目标是："介绍西洋艺术！整理中国艺术！调和中西艺术！创造时代艺术！"

1928年8月，林风眠与林文铮等人共同发起"艺术运动社"。他希望自己的行动能够成为"中国文艺复兴"的力量。林文铮甚至预言："西湖将来成为艺术中心，就像意大利的佛罗伦斯，那是很可能的事！"

1928年春，林文铮写出了《艺术运动》一文，他希望通过对来自西方的、新的"艺术"概念的推广，来改造中国的国民素质。他在文章中说，"数十年来中国的新教育家只谈教育、德育，而轻视艺术为玩意儿，结果科学知识仍旧一样幼稚，道德反开倒车！"

同样是在这个春天，林文铮针对"首都第一届美术展览会"写下的文字，或许更能表达他内心的艺术主张："我们暂且不必提及国体的问题，我们只自问对于本国的现状、环境、社会、人情、生活，有何美感否！中国数千年来的家法礼教已经崩毁了，试问此后用什么来维持情感呢？我们还是以铸造新礼教来束缚情感，抑或随时代之趋势以艺术来美化一切情感呢？假如我们要重人权、创造新道德，以适合新人生观，那么就要借赖艺术来培养情感、陶冶性灵！假如认明美育为人类情感唯一之生路，那么就不能不注意艺术教育！假如要实施艺术教育以收社会艺术化之美果，就不能不切实多设规模宏大的艺术教育机关，栽培艺术人才！至于创办艺术大学、建设美术博物馆，音乐歌剧院，举行美术展览会，这都是艺术家之本职，而当局亦应该完全负提倡之责！新近政府竟通过创办西湖艺术大学的议案，这是一件很可乐观的新气象，亦足见举国上下都渐注意于艺术教育的问题了。"

林文铮的观点，与蔡元培的教育与美育理念，几乎是如出一辙的。

同样留学法德，在艺术上颇有造诣的蔡元培先生的长女蔡威廉，被林风眠聘请为杭州艺专的西画教授。

蔡威廉从小接受西洋教育，曾随父亲到过法国、德国、比利时留学，专修油画，对德文、法文都十分熟谙。

据知情人介绍，蔡威廉长得很漂亮，风度高雅又举止斯文。1929年，徐志摩策划的上海"全国第一次美术展"中，展出了她画的肖像画，曾一时轰动。

林文铮初次见到才貌双全的蔡威廉时，就暗中对她产生爱慕之心。

而蔡威廉亦久仰林文铮的大名，当年，乃父曾把林的文章带回家，让她拜读，蔡元培先生也曾在她面前赞赏过林文铮。

或许，这些潜藏在命运中的因素，让二人互生好感，受西方思想影响在蔡威廉，芳心已动，主动追求林文铮。

知道两人在谈恋爱，蔡元培的夫人周峻女士便请林风眠做媒，用中国的婚姻方式，让两人结百年之好。

1928年11月，林文铮与蔡威廉在杭州喜结良缘。

蔡元培先生是国内名士，国民党元老，曾任民国教育部长、北京大学校长和中华大学院院长，林文铮与蔡威廉结婚，也是当年政坛与艺坛的一件大事。

林文铮和蔡威廉的婚礼在杭州西湖大饭店隆重举行，许多达官贵人们纷纷前来祝贺，杭州城内的各家新闻媒体争相报道，此事广为传播，成为当地十分热闹的社会新闻。

蔡元培先生出资，在风景如画的西湖附近，为女儿建造了一幢别墅，并取名为"马岭山房"。

马岭山房占地1.2亩，是建筑面积200平方米的一座中西合璧的小洋楼。

婚后，岳父蔡元培先生对自己一向器重的林文铮谆谆教诲：你不要从政做官，把一生精力投放在艺术事业中去，就在这里（指杭州艺专）干一辈子，帮助林风眠把学校办好，他一个人是很难办下去的。

林文铮不负岳父所望，成了林风眠最得力的助手、最相信的伙伴。

在杭州艺专时，他不但要主持学校的教务，还要亲自任课教学，深受师生们的尊崇。他要求严格办学，提出：杭州艺专是炼钢厂，要炼出精钢。

1937 年 11 月，随着日本侵略者的铁蹄逐渐向南践踏，杭州陷落。林文铮带着妻子儿女离别了马岭山房，跟随杭州艺专的师生内迁到湖南沅陵。

1938 年 12 月，教育部下令北平艺专和杭州艺专院合并，改名国立艺术专科学校（简称"国立艺专"）。废除校长制改为委员制，林风眠为主作委员。

两校合并后，因为种种原因，出现了严重的派系纠纷。

据杭州艺专的学生丁天缺撰文回忆，国立艺专成立后，"正式迁校湖南湘西之沅陵，校址在沅江北岸的老鸦溪，改校长制为校务委员制，以林风眠为主任委员，北平艺专的校长赵太侔及其西画系主任常书鸿为副委员"。

到达沅陵两星期后，林风眠"出逃"。"主要是北平艺专的部分主要老师常书鸿、李有行、王临乙、庞熏琹等人，伙同杭州艺专的部分主要老师刘开渠、雷圭元、王子云、李朴园等，联名要求风眠先生辞职离校而引起的。但李有行、王临乙、刘开渠、雷圭元、王子云、李朴园等人，都是林风眠创办杭州国立艺术院时，从北平带来杭州的干将，在杭州又力图加以培养的亲信。缘此，同学们格外感到义愤填膺，将这八位逼迫林先生离校的人，斥之为'八凶'"。

这时，学生们想到能够出来主持正义的人，就是林文铮。"杭州艺专原教务长林文铮先生，那时和黄纪兴先生同住在对江的民居里，大家认为面对这一严重的问题，有必要请他咨商才行。由于我每天去黄先生家学法文，要我把这一消息传递过去。铮师闻讯之下，顿时义愤难扼，主张首先派代表去桃源将风眠先生请回主持校务，同时请

'八凶'讲清道理"。

也正因于林文铮出头，学生们找李朴园问罪，然后，"同学们推举了四位同学去桃源迎接风眠先生，一面过江去质询副校务主任原北平艺专校长赵太侔。"

在丁天缺的回忆里，他如是写道：两天后，二位同学从桃源回来，讲述了请林先生回校的过程。说林先生最初不愿回校，经再三恳谈，最后才同意了，定于两天后由另二位同学伴随回到沅陵。"同学们听到风眠先生回校的消息，一时都高兴得发了疯似的，筹划用二丈多长的白竹布写成欢迎的横幅，由吴藏石、洪应镳二人扛着，他俩还特地在服装店里赶制了一套白底蓝条的西裤，显得格外耀眼。那天下午二时左右，就集队来到车站前的停车广场，文铮先生也亲自参加，由老大哥邱玺主持，敲锣打鼓地举行了欢迎仪式。风眠先生回校了，这场不大不小的风波也就无声无息地过去了"。

从这段文字里，可以看出林风眠在学生们的眼里，仍然是艺专须臾不可离开的核心。

但接下来，艺专仍然面临学生们所不理解的变故：

6月下达命令，废校务委员制，恢复校长制，委派滕固先生为校长，来沅陵莅新。这位滕校长何许人也？他是江苏宝山县人，获德国柏林大学哲学博士，曾任国立中山大学、金陵大学教授，著有美术史论，在抗日前颇具名声呢。

滕校长为人正直朴质，热心于艺术教育工作，为人处世，宽宏大度，颇有学者之风，只是他的莅校，是受制国民党CC派大头目陈立夫和张道藩的控制，必须将蔡元培先生体系的教职员予以全面清洗为前提。这样，原杭州艺专的教授林文铮、蔡威廉、黄纪兴、李树化、张光等人就理所当然地革职离校，为了平衡两校师生对峙的气氛，原北平艺专校长赵太侔和教务主任李有行也同时免职，以示公正。

自此，林文铮和林风眠分开，天各一方。

1938 年冬，林文铮带着一家老小，历尽艰辛地来到了昆明。那时的昆明，找一份合适的工作非常困难，林文铮夫妻经过半年多的奔波，好不容易双双在西南联大找到教职，林文铮教西洋文学史，蔡威廉教法文。

林文铮一家在昆明租住在城内的一幢破旧民房里，面积只有 30 左右平方米，全家 8 口人挤在一起，其狭窄逼仄可想而知。

1939 年夏季的一天，蔡威廉痛苦地生下了他们的又一个孩子，产后数小时，她在床前的白壁上用铅笔画出新生女儿的肖像，并写上"国难！家难！"四个字字泣血的铅笔字。

两天以后，蔡威廉患产褥热去世。

林文铮、蔡威廉的个人命运，如同那时的国运一样，蹭蹬多舛，让人扼腕。

林文铮在昆明总共住了 7 年，曾经失业。由于子女众多，加之物价腾高，收入来源不稳定，只得变卖家产生活，连亡妻的首饰，有时也不得不变卖以换取米粮。

后来，城里的房租也付不起，全家再迁到昆明市郊的官渡镇赁房而居。

抗战胜利后，林文铮聘为北京中法大学教授。1951 年全国院系调整，中法大学解散，他被安排到中山大学。1953 年调到南京大学任教授，教外国文学史。

1957 年 11 月，林文铮入狱，判刑 20 年。他的命运与林风眠又有了重合之处：两个人都有了共同的监狱生涯。

艺术同道

　　无论在法国还是在杭州艺专，与林风眠的名字始终相连的另一个人，就是吴大羽。

　　吴大羽与当时的另一个画坛闻人徐悲鸿是同乡。他自己在回忆文章中写道："我幼年七八岁时自己就喜欢画画，徐悲鸿的父亲当时是我的祖父的学生，他会画人物、风景、静物，几乎什么都画。他不时背着挎包，里面装着画具、画笔到我的家来，我那时还小，看到这些画既好奇又高兴…… 这样，我对美术就慢慢有了兴趣。"

　　相比于徐悲鸿和林风眠，吴大羽家境良好，祖父是远近闻名的私塾先生，且热爱绘画，颇受尊崇，收徒授业，从之者众。

　　吴大羽的大哥曾考取前清秀才，国学功底深厚，是吴大羽的启蒙老师。从小，他就在国学与书法方面打下了坚实的基础，对绘画也产生了深厚的兴趣。

　　"我家里都是读书人，收藏了几十幅古人的画。我小的时候就接触中国画了。我母亲在鞋上、枕上描图绣花，我就在旁边看着。"15 岁时，吴大羽由家人送到上海学画，师从沪上著名的西画家张聿光。张

吴大羽

聿光是我国最早在报纸上发表政治讽刺画的漫画家之一。1914年秋，任上海图画美术院（上海美术专科学校前身）校长。他在上海画坛非常活跃，1921年1月成立的"晨光美术会"，组织者就是张聿光，主要成员大都是《申报》的美术编辑。

吴大羽1920年进《申报》做美术编辑。当吴大羽还在报社画插图的时候，林风眠们已经奔赴法国，去了现代艺术的大本营。

到国外去。到法国去。到日本去。这样的理念已经成了部分城市知识青年的首要人生选择。生性聪慧好学的吴大羽也断然抛下《申报》的工作，向家人提出，出国去世界艺术之都巴黎学习美术。他的想法得到了全家的支持，家人变卖了家族留给他的财产，作为他留学法国的经费，20岁的吴大羽登上了去法国的邮轮。

尽管比林风眠们晚了两年，但吴大羽还是来了。先在巴黎国立高等美术学院，师从教授鲁热进修油画。1923年转入雕塑家布罗代尔（Bourdelle）工作室学习雕塑。吴大羽与林风眠的相识，很可能是李金发的引见，两个人都是学雕塑的，又都是中国学生。

布罗代尔教学生的地方，俗称"大茅屋画室"。

"大茅屋画室"位于巴黎十四区与六区交界的蒙巴纳斯区（Montparnasse，意为希腊神话中掌管文艺的阿波罗及缪斯女神居住的仙山），在19世纪就因房价、物价便宜又有田园风光吸引了很多作家及艺术家（如作家雨果、夏多布里昂，诗人兰波，画家布格罗）。

1910年至"二战"爆发前，蒙巴纳斯艺术区进入黄金时代，毕加索、马蒂斯、夏加尔、阿波利奈尔（诗人）、莫迪里阿尼、曼雷（摄影家）、贾科梅蒂、米罗、布朗库西、杜尚等人纷纷来到这里，立体主义、抽象派、超现实主义等各种新理念、新流派纷纷在这里诞生。

布罗代尔(AntoineBourdelle)的"大茅屋画室"是非常有名的画室，

全世界各地的优秀艺术家奔向巴黎，奔向蒙巴纳斯，奔向大茅屋！

吴冠中曾描述："巴黎那所知名度极高的大茅屋画馆(GiadeChaumiceie)，是一家私人办的业余美术学校，全世界来巴黎学艺的、冒险的艺术家，同法国贫穷的艺术家在此一同工作。有白发苍苍的老头，有衣着怪异的少女，肤色各异，讲着各种腔调的法语，佛里兹（Friesc）、布尔代勒（Bourdelle）、贾科梅蒂（Giacometti）、札甘纳（Ladkine）等等许多知名艺术家都曾在此任教或工作过，常玉、潘玉良、吴大羽、庞薰琹等我国前辈留法画家们也都经常出入此门庭老屋。"

对于在法国的学习生涯，吴大羽在回忆中如是描述："当时巴黎对学院派不感兴趣，我后来就自学，想多学点东西，到研究室去画人体、风景、静物，也学雕塑。学习主动性很强，记得我那时的学习生活也比较专一，就是整天往返于学校与画廊、博物馆之间，整天画，很是用功……我还经常到博物馆去看，博物馆就是'先生'，我只是看看，不临摹。临摹只重技法，往往把感觉忽略了。当然也要看他如何制作的。还要看理论，重理论的学习。"

吴大羽所说的经常画人体的地方，就是"大茅屋画室"。

艺术史的有关资料中最早把林风眠和吴大羽两个人放在一起的事件，是成立"霍普斯会"。上海《申报》报道说："近年来我国赴欧研究艺术者甚多，而以法国为最，仅以巴黎、里昂计算，已有20余人，闻在巴黎之刘既漂、林风眠、林文铮、王工、曾以鲁、唐携、李淑良、吴待（吴大羽）等发起一艺术研究会，以研究和介绍艺术为宗旨。中国留法研究艺术者，向无具体之组织，该会所具旨愿宏大，想将来对于中国艺术前途，当有莫大之贡献。闻该会于本月二十七号在巴黎开成立大会，将发刊宣言，征求国内外具有同情之会员，并闻凡中

吴大羽（右）与林风眠（左）、林文铮合影

外研究艺术的创作、理论及文艺，与该会表同情者，均有入会之可能云。"

此前的所有林风眠参加的艺术活动，都没有吴大羽的名字，在"霍普斯会"成立之后，吴大羽的名字才与林文铮一起，与林风眠始终相伴。

1924年2月，"霍普斯会"联合另一个旅法艺术团体 —— 美术工学社，准备在法国的斯特拉斯堡举办一次中国美术展览会，组委会还特邀时正旅法留学的中国教育泰斗蔡元培先生为名誉会长。经过几个月的紧张筹备，"中国古代和现代艺术展览会"于5月21日正式开幕。

据国内《东方杂志》记载："巴黎的各大报几无不登载其事……史太师（即斯特拉斯堡）埠内之德法各报连日满纸，极力赞扬，于是华人之游行街途者，德法人遇之无不致敬。有由史太师埠回巴黎者，途间车停各埠，外人登车者无不以史太师埠美术会事相问，此一端亦可见其影响非细矣。"

正是这次展览会，让林风眠对吴大羽产生了深刻印象。林风眠看了吴大羽的参展作品后，盛赞他是"非凡的色彩画家"，认为吴有着"宏伟的创造力"。

在我们可知的资料中，林风眠与吴大羽的交集并不多。但据说两人曾相约在杭州国立艺专不远处的西湖马岭山各建造一所别墅，比邻而居。由此可知，在生活中，他们也曾经有过亲密的交往。

1927年秋，吴大羽和林文铮等乘坐火车离法转道列宁格勒（圣彼得堡）回国。是年7月，林风眠已经卸任北京艺专校长，前往上海。

所以，吴大羽和林文铮也并未在北平停留。吴大羽直接奔往上海，在上海新华艺术大学（后改名新华艺术专科学校，简称"新华艺专"）任教。

1928 年，林风眠和林文铮创办杭州创立国立艺术院，吴大羽被林风眠聘为首任艺术院西画系主任。那一年，校长林风眠 28 岁，教务长林文铮 26 岁，吴大羽 25 岁。

他的学生朱德群说："14 岁时，我考入杭州艺专，吴大羽老师教我两年，他的教学让我印象深刻，他不光是给我们启发，他是教我们怎么看。好比画花儿啦、画石膏啦，要有什么样的结构，他完全为我们打下了基础，基础很稳的。'简朴'这个因素，我们受他影响很多，他对学生的要求是很自由的，他不反对我们受Cezanne、Picasso、Matisse的影响，别的老师批评我们绘新的东西，不过吴大羽先生和林风眠先生始终一直保护支持我们。"

他的另一个学生吴冠中说："杭州艺专中，林风眠是校长，须掌舵，忙于校务，直接授课不多，西画教授主要有蔡威廉、方干民、李超士、法国画家克罗多(Kelodow)等等，而威望最高的则是吴大羽，他是杭州艺专的旗帜，杭州艺专则是介绍西方艺术的旗帜，在现代中国美术史上作出了不可磨灭的功绩。"

赵无极回忆说："吴大羽平常话不多，改画时话却比较多，板着脸不大有笑容的。吴大羽先生教课严格得不得了，他总是在 8 点钟以前就到了，不过当时学生都是很认真地学习。杭州艺专通常是一年换一位老师教，我和庄华岳同学这两班，因为吴先生欢喜我们，就继续教，连教了两年。很多学生说吴大羽先生是很孤傲的，我们是又喜欢他又害怕他。当时我年纪最轻，他每天都要来看我画什么，假如有时候我不太用心的话，他就说：'无极！有什么毛病啊？'"

1928 年 8 月，林风眠、林文铮、吴大羽发起组织成立了"艺术运动社"，其宗旨是"以绝对的友谊为基础，团结艺术界的新生力量，致力于艺术运动，促进之东方新兴艺术"。

"艺术运动社"是当年巴黎"霍普斯学会"在国内的一个延续。

"艺术运动社"组织的画展中，展出了吴大羽的部分画作，时任杭州艺专教务长的评论家林文铮在《色彩派吴大羽氏》一文中说："真可以称为中国色彩派之代表者，当首推吴大羽氏无疑。我相信凡是看过吴先生的作品的鉴赏家，都要受其色调之强烈的吸引而为之倾倒；就是和他对垒的画家虽不免隐含妒忌，亦不禁私下钦佩不已。颜色一摊到他的画板上就好像音乐家的乐谱变化无穷！西方艺人所谓'使色彩吟哦'，吴先生已臻此妙境。"

杭州艺专撤退到沅陵时，由于部分教师联名要求林风眠去职，林风眠主动离校，后经学生请回。

但林风眠回校后，第一件事却是辞退了吴大羽，令学生莫名惊诧。

丁天缺在一篇文章中忆述道："学校开始上课了，独不见吴大羽先生。听说吴先生已先去昆明了，他隐居在昆明小东门城下 22 号。据说风眠先生以大羽师擅自离校，先去昆明，为了严肃校纪，予以解聘。一时间同学们都感到惊奇，议论纷纷，认为风眠先生和羽师在法留学时便是好朋友，国立艺术院创办之始，羽师和文铮先生两人曾携手相助，协力创建这全国第一所高级艺术学府。尤其当学校偶因资金不足，周转不灵，教职员工资发不出时，都曾向吴师母家借贷周转，共渡难关。可为什么正当这兵荒马乱之际，竟因此小事而首开杀戒呢？一般认为羽师在校时威信特高，风眠先生自惭形秽，遂借此藉口拔去眼中钉而已。"

当然，丁天缺所述，也只是部分学生猜测。

两校合并，龃龉甚多，林风眠面对众多的反对者，为了表示处事公平，拿自己阵营的吴大羽祭旗，杀一儆百，也是可能的 —— 当然，这也只是猜测，林风眠对此并未做出解释。

但林风眠旋即遭教育部解职，林文铮也随即去职。原因是当时的教育部掌权者意欲清洗蔡元培在教育系统的势力。

为了让吴大羽返校，学生们费尽周折。

丁天缺回忆说：方干民先生建议敦聘吴大羽先生返校任教，新任校长滕固嘱他前往吴先生寓所征询可否。"第二天的下午，我即奉命前往小东门城下 22 号，讲述始末，动员吴先生俯允屈就。吴先生鉴于滕校长如此诚意，为报全校同学切盼之情，当即同意滕校长之请"。

可是，滕固旋即毁约。

丁天缺在相关文章中写道："大羽师因滕校长中止返聘，应友人的邀请去大理附近的祥云闲住，临行前为我的纪念册上写了四个大字 —— '银言金默' —— 作为临别赠言。这句话真正针对我多言之弊，足以奉为终身的座右铭。如果我能知而行之，在今后的人生道路上，定会少却许多折腾自己的麻烦。只是我天生憨拙，知而不改，苦了我大半辈子，实在有负我恩师的厚望。最后他把已画的六幅小油画交给我，说：'这几张画布，你也带回去，上面可以再画，省了制布的麻烦。'带回寝室一看，原来是六幅风景，羽师在画面上早用群青涂上几大杠，于是立刻把它清洗掉，恢复原貌，直到抗战胜利，我把它带回宜兴老家，懊恼'文化大革命'来了，全毁了！"

至此，林风眠与林文铮、吴大羽全部离开了他们一手创造的杭州艺专。

1958 年吴大羽曾与林风眠、关良、陈烟桥、邵克萍等 10 余人到上海东郊同民生产合作社参加劳动。

此后，两人的生活错开，林风眠和林文铮先后入狱，无论生活还是艺术，他们再无交集。

　　朱德群说："每当与朋友或同学提到吴大羽先生名字的时候，我心中即产生无限的兴奋和激动，几不能自持，感恩之心油然而生。吴大羽先生是我的老师，更切实地说他是我的恩师。我常和人说，我万分幸运地是我在艺专遇到了几位非常好的老师，大羽先生是我最尊敬的一位，也是我受益最多的老师，所以饮水思源说他是我的恩师并没有一点言过其实。"

始亲终疏

从地理因素上来看，李金发和林风眠的关系似乎更应该亲近一些。

他们是真正的同乡，林风眠的家乡是白宫镇阁公岭，李金发的家乡是梅南镇罗田上村，两地相距不过 30 公里左右。

李金发的父亲李焕章青年时期冒险到非洲岛国毛里求斯谋生，经营"糖房店"并取得成功。他以经营所得在家乡梅州购置田土，兴建了一座庞大壮观的乡间房舍"承德第"。

李金发在"承德第"度过了难忘的童年时光。据他回忆，小时候父亲对他的管教极严，他在余暇时间几乎不能玩耍，连蹦跳、嬉笑、游水也在禁止之列。李金发曾感叹"童年是在无生趣中过去的"，正是这种童年生活，在他的性格中埋下了孤独、忧郁的种子。

1915 年，李金发从家乡到梅州市区高等小学读书，第一次接触到数学、物理、地理、英文、国画、体育等新课程。

1917 年冬，李金发高中毕业，因为教育厅规定实行秋季毕业，他因没拿到毕业文凭而辍学。高中肄业后，李金发为前途所困，陷入不能自拔的苦闷彷徨之中，成天躲在书房读《玉梨魂》一类的鸳鸯蝴蝶派哀情小说和《牡丹亭》一类的戏曲。1919 年初，李金发与同学结伴赴香港，先入谭卫芝补习学校读英文，半年后转入圣

李金发

约瑟中学（俗称罗马书院），他在香港接受了短暂的英式正规教育。到年底，终因思家心切告别香港，回到梅州家乡。

据林风眠研究专家朱其先生考证，李金发和林风眠在中学时，成为兄弟般的密友，一块参加"探骊诗社"，一块在这个校园的沃土中茁壮成长。他们俩于1919年毕业后，又同赴上海深造。林风眠家中贫寒，李金发借了十块大洋给林风眠，后来，林风眠在过年时偶然把十块大洋押宝，赢得了一笔钱，作为赴上海的路费。

李金发与林风眠，"两人同为志愿赴法勤工俭学。两人到上海后，虽不在同校学习，但常有联络。1919年12月，李金发获悉赴法留学名额未满，可以报名，便邀林风眠一块同行，而林风眠正有此意，一拍即合，筹款赴法。李金发把家中寄来的学费和退房租金作为两人共同资费，与李立三、蔡畅、秦邦宪等一批热血青年同船赴法勤工俭学。两位老乡同进一个法文学校学习，亲如手足。他们又同去巴黎国立高等美术学院深造，林风眠学的是油画，李金发则攻读雕塑。1922年二人又同去德国游学。留学期间林风眠举办了个人画展，而李金发则完成两部象征派诗歌集"。

《李金发传》的作者陈厚诚在文章中写道：当时他们（林风眠和李金发）的学费和膳宿费是由法华教育会直接付给学校，钱数不多，学校对他们的安排也就因陋就简。住宿条件很差，校内甚至没有供学生洗澡的浴室。李金发等好几位学生因初到法国不久，还未得到家里的接济，无钱购买大衣，以致他们不得不轮流穿起一位姓黄的同学的旧大衣到街上去洗澡。尽管生活十分清苦，李金发在学习上仍非常刻苦用功。在课堂上听不懂一位法国教师马丁先生讲的"现在"、"过去"、"将来"这些时态，他就在课后捧着字典自学，成天"坐板凳，翻字典，呢喃，抄录"，"攻苦异常"。几个月后，他就居然可以借助字典阅读都德的《小东西》和福楼拜的《包法利夫人》等文学作品了。

李金发自己曾经回忆:"那时我的生活真简单,一天食两餐,花六毛钱,早餐也不常食,衣服冬夏皆是一套黑哔叽","没有女朋友,没有中外诸色人的交际,没有人保护(那时只是一个21岁的孩子),没有人指导,全是自己死用功,自己摸索,没有物质的享受,所谓花都的纸醉金迷,于我没有份儿。我是门外汉……"

陈厚诚在文章中说,"半年过后,即1920年夏秋,李金发和林风眠等同乡的五六个同学又转到法国东部的布鲁耶尔市立中学就读了半年,读的也是教中国学生法语的'特别班'。在此之前,他们这些勤工俭学生脱离经济上的关系,从当年2月底以后有关费用即由学生自理。从此,李金发和林风眠便属于自费留学。但他们都不愿再读'特别班'仅学语言了,而决定开始专业上的学习。"

在专业选择上,林风眠选择了绘画,而李金发选择了雕塑。据说,李金发之所以作出这种选择,是法国那些随处可见的栩栩如生的大理石雕像深深吸引了他,认为在中国很有发展前途。"同时,有一次他和同学到森林里去游玩。随手在树上刻了一个'L',同学们都加以称赞,说他有雕刻的天资,于是便决定学习雕塑"。

李金发留学前,已经结婚。

他的第一任妻子,名叫朱亚凤。朱亚凤自幼家贫,又逢父亲病故,母亲无力为生,改嫁时将年幼的她托付给本族亲属,也就是李金发的母亲。李家看朱亚凤可怜,将她收养为李金发的童养媳。李金发与朱亚凤年龄相仿,从小一起长大,有着青梅竹马的情愫。

李金发对她有着很深的感情,"你淡白之面,增长我青春之沉湎之梦"。

1919 年的春天，李金发与朱亚凤完婚。一对少小相亲相爱的小夫妇度过了半年的甜蜜岁月，李金发就去法国勤工俭学了。新婚未久的朱亚凤一个人忍受着孤独的生活，不禁心情忧虑，身染重疾，后因难以忍受疾病的折磨，服毒自尽。

妻子的凶讯传过来，李金发陷入了极大的痛苦之中。为了让自己的情绪得以缓和，心境得以改变，1922 年的冬天，他与林风眠、林文铮等结伴到柏林游学。

当时，德国作为"一战"的战败国，正处于经济濒于崩溃、马克暴跌的"凶年"，与法国相比，德国的一切都非常便宜，他们也成了一群去"享受低价马克之福"的"食客"。李金发第二本诗集《食客与凶年》的题名即由此而来。

另据朱其先生撰文所述，李金发与林风眠游学德国时，几乎同时与两个德国女郎恋爱了。"李金发和林风眠到德国后，租住在一个廉价的贫民区。一天，李金发在房中创作诗歌时，一阵悠扬的琴声飘然而至，悦耳动听。后来知道吹口琴的是一位插班在美术系学绘画的德国少女。他们于是相识相恋。而林风眠则在马克兑换市场讨价还价时，因德语不行，一位德国女郎帮助他和那人讨价还价。林风眠蓦然回首，心猛烈跳动起来，真是众里寻他千百度，那人却在灯火阑珊处。两人一见钟情，不久便相爱了。两位同乡各自携着德国女郎回到巴黎结婚，演绎了才子风流的异国经典爱情故事"。

在巴黎，李金发很快就崭露头角。他勤奋努力。除了认真在课堂上跟随老师学习外，他还常常自己在家里制作雕塑作品。他制作的《写生林风眠》、《刘既漂头像》于 1922 年送往巴黎沙龙，竟然意外入选，成为第一个雕塑作品出现在巴黎沙龙展览会上的中国人。

1924 年秋，林风眠的妻子罗达因产褥热逝去，林风眠沉湎于哀痛之中。11月底,由于经济上的原因,李金发带着德国妻子先于林风眠等好友回国。

返国之前,李金发先给上海美术专科学校(简称"上海美专")校长刘海粟写了信,对方回复可以聘请他回国任雕刻教授。但意气风发的李金发回国后就遭遇了意想不到的打击:上海美专当年招生时竟无一人报名学雕塑(雕塑在当时的中国还是一个新名词,有人误以为就是学雕刻图章)。

由于没有学生,上海美专对李金发的雕刻教授之聘无法兑现,他这位"学成归国"的艺术家马上就失业了。

这年12月,李金发的长子明心出世。

为了生计,李金发不断为谋职而四处奔波,并在文学、雕塑、美育、翻译等领域里多方出击。

直到国立艺术院成立,李金发才再度与林风眠相聚,老友成为同事。

与林风眠一样,李金发与蔡元培相识后,也同样深受蔡的器重,蔡培元为李金发的《意大利及其艺术概要》和《雕刻家西米盎则罗》两书题写了书名,并写了一副"文学纵横乃如此,金石刻画臣能为"的对联相赠,以示对李金发文学和艺术才华的赏识。李金发则应《申报》的要求,为蔡培元塑造了一座内铅外铜的胸像。

1927年11月,李金发到南京找到任大学院院长的蔡元培,被蔡任为大学院秘书处秘书,兼任大学院艺术委员会委员。

1928年,国立艺术院正式成立。李金发出任雕塑系主任 —— 一是李金发确有此才,能够胜任;二是他与林风眠为旧友,林风眠首先会想到他;其三,还有一个重要的因素,此时,他已经深获蔡元培的信任,他出任此职务是否有蔡元培的意见,还不是十分清楚。但蔡元培对他的力挺，则是肯定的。

也正因为有这一层原因，他与林风眠才产生了若干龃龉。

朱其先生在文章里说：两人回国渐有矛盾。一对兄弟般的同乡，回国后，也许因为彼此太知根底，反而生疏起来。林风眠回国后，工作顺心，一路青云，很快当上国立艺术院院长，李金发在他手下任雕塑系主任。李金发认为林风眠水平有限，曾向蔡元培反映，希望让他当院长。因此，两人矛盾渐生。但奇怪的是，二人表面都非常好，两家在葛岭之下比邻而居，经常串门。两位外国太太也携手出没于西子湖畔，四人同行，成为杭州最引人注目的一道风景。

朱其先生认为，"他们所处的时代，受到西方现代生活的熏陶，而且是年轻气盛，都有着狂放、不轻易认输的性格，对某些问题意见不一致时，难免争论得面红耳赤，因为他们太优秀了，优秀得不可相容，欲比高低，可谓是'一山难容二虎'。最后，李金发离开国立艺术院，另起炉灶，迷恋创作他的象征派诗歌。"

两个人的友谊，在这里划上了句号。"后来，他们两人很少来往，最后发展到几十年不曾见面的境地"。

但也正如朱其先生所说，"不管怎么样，我们不必追究他们之间的人事分异，他们两人的生平六奇和艺术成就，就足以让我们为之感叹不已了，他们的一生，就像艺术天空中的光彩照人的双星"。

第三章 ｜ 侨：新与旧

从风光无限地进入北京艺专荣膺校长之职，到尘土满怀地匆匆离去，前后不过两载。在你方唱罢我登场的民国时代，忽而登堂入室，忽而行走市井，皆寻常事。

二十余岁的林风眠经历了洋画与国画之争，并在这场斗争中败北。

青年校长

1918 年，在北京西城前京畿道一座四合院内，北京美术学校成立。

从 1917～1922 年，从日本留学归来的梁启超弟子郑锦做了六年校长，是学校历史上最早也是任职时间最长的一位。郑锦借鉴日本的经验，制定了学校的规章制度和课程设置。由于经费原因，北京美术学校最初只设立了两个科：绘画科和图案科。绘画科偏向艺术创作，图案科偏向工艺设计。

后来，北京美术学校升为"高等部"，分中国画系、西洋画系以及图案系。

1927 年，林风眠（右二）与李苦禅（左二）等在国立北京艺术专门学校时合影

油画家李毅士、吴法鼎是北京美术学校著名的两位西画教授。李毅士留英十余载，在格拉斯哥美术学院学过西画。吴法鼎毕业于巴黎国立高等美术学院。提倡西洋画的师生还在校外成立阿博洛学会，是北京较早的提倡西洋美术的一个社团。

国立北京艺术专门学校校舍

中国画系则由当时北京画坛的知名人物陈师曾、王梦白等担纲。

陈师曾是清末改革

国立北京艺术专门学校展厅

派重臣陈宝箴的孙子，是后来蜚声海内的陈寅恪的胞兄，是鲁迅在矿务铁路学堂时的同窗，后又一同去日本留学，两人关系甚密。

陈师曾英年早逝，梁启超在致悼词中称："师曾之死，其影响于中国艺术界者，殆甚于日本之大地震。地震之所损失，不过物质，而吾人之损失，乃为精神。"

1924年，北洋政府对北平的八所高等院校的教育经费欠了半年之久，一些外国势力乘机煽风点火，挑动争斗。郑锦愤而辞职。

先后经历了几任代理校长之后，26岁的林风眠走马上任。

闻名北京

关于林风眠出任北京艺专校长一事，坊间故事颇多。
1926年3月1日的《国民新报》报道说：

> 艺专校长林风眠与蔡孑民同船归国，林到达沪后，因忙
> 于沪上艺术各界之应酬，又因阴历年关，海道无船，故未能
> 趁早北上。教育当局，以艺专开学在即，曾多次电促，顷闻
> 林氏偕夫人，已于昨由沪抵京，到站欢迎者，有在京留法同
> 学二三十人。下车后直投西安饭店，随造访教长易培某（基）
> 氏私邸……

林文铮在《蔡元培器重林风眠》一文中说，"1925年冬，北洋政
府教育总长易培基即电聘林风眠为北平国立专门美术学校校长"。

而斯舜威所写《翰墨往事林风眠执掌南北两艺专》一文，则透露
了林风眠出任北京艺专校长，不是由任命而来，是学生们投票选举出
来的。"林风眠以111票高居第一位"。

任愚颖先生撰文详细描述了此事的前因后果：

> 郑锦去职后，余绍宋被任命为校长，由于学校正闹学潮，
> 余不能就任，又换成了刘百昭，刘又因校款等原因受到学生
> 反对，不得不自动辞职。

> 学生们召开代表大会，向教育部提出新校长必须与美
> 专的风潮无关，继任校长必须具有高深的知识，能使学校平
> 衡发展。相持不下之际，学生们又几次闹起学潮，提出由学

生投票选举新校长，教育部只好答应。选举由艺专学生会领导，全体学生进行总投票，报纸刊登了选举结果：林风眠 111 票，蔡元培 82 票，萧俊贤 48 票，彭沛民 46 票，李石曾 44 票。以上 5 人为得票最多者。其余得票多少的顺序是：凌文渊 21 票，闻一多 20 票，冯白 18 票，张镜生 16 票，徐悲鸿 15 票，萧友梅 14 票。学生会向教育部呈文，请在得票最多的林、蔡、萧、彭、李 5 人中选择一位任命，于是教育部任命林风眠为校长。

任愚颖先生在文章中说，"林风眠的此次当选除蔡先生举荐外，与先期回国的同学王代之等人的极力宣传也有关，通过看了林风眠在国外的一些油画作品，又了解了他的人品和艺术，学生们对他产生了好感。"

任愚颖先生只提到了王代之，斯舜威先生则又提到了另一人。"实际上，林风眠当时在国内的影响，尚不及徐悲鸿和刘海粟，他之所以能够高票当选，与蔡元培鼎力推荐有关，也与先期回国的林风眠的留学好友诗人萧三的弟弟萧自生和王代之详细向学生们介绍林风眠有关"。

事实上，所言萧三之弟萧自生，应为萧三之兄萧子升。

萧子升，毛泽东故友。曾与毛泽东、何叔衡共同创办新民学会。1919 年赴法国勤工俭学，是民国初年湖南青年参加赴法勤工俭学的主要组织者之一。在全国性的勤工俭学运动中他亦扮演重要角色。

1920 年秋回国，萧

1927 年，国立北京艺术专门学校的西画教学

子升在家乡种树。后来，李大钊、杨明斋、罗章龙、陈独秀（当时不在北京）联合党外人士蔡元培、萧子升、谢怀龙、宋天放成立非宗教同盟，并于 1922 年出版了《非宗教同盟论文集》，引起一场大辩论。

中共一大召开时，毛泽东与萧子升经常沟通情况，对萧子升非常信任。

1921 年底，萧子升又去了法国。三年后回来，在北平市党部编《民报》。

王代之曾经与林风眠等人在法国共同组织"霍普斯会"，林风眠等人筹备在斯特拉斯堡举办"中国古代和现代艺术画展会"，王代之是 10 人筹备委员之一。

1925 年，巴黎国际装饰艺术和现代工业博览会上，首次创办了中国馆，王代之亦为中国馆的建设付出若干努力。王代之作为代表，专程回国，"向北京政府交涉款项，敦促在巴黎建立中国馆展览"。

大约在此期间，林风眠被聘请为北京艺专的教授。彭飞先生推测，这应该是王代之的功劳。

林风眠就任北京艺专后，王代之任总务长。

1926 年 3 月 10 日，林风眠在北京艺专举办画展，王代之亲自撰写了评论《林风眠艺术成功的三时期》，详细介绍了林风眠的艺术成就。

1927 年 7 月，林风眠辞去北京艺专校长一职，当年 11 月前往南京，王代之亦辞职南下。

在南京，林风眠被蔡元培任命为大学院艺术教育委员会主任委员，王代之任该委员会的秘书。

国立艺术院成立后，林风眠任校长，王代之再度出任总务长，后任艺专驻法国代表，负责购置石膏模型及图书资料。

白石出山

乳臭未干的 26 岁小伙子出任艺专校长，学校的部分资深教授自是心中不忿。

林风眠上任之前，萧俊贤、谢阳、冯白、彭沛民联袂辞职。

教务长闻一多亦请辞。

林风眠上任伊始，即请几位复职。言语热情，行动诚恳，四位教授才留下来。先前被辞退的陈师曾、吴法鼎、李毅士等五位教授，也被他请了回来。

这位年轻校长一时深得人心。

闻一多则坚辞不就，另谋他职去了，王代之取代了他的职位。

虽无办学经验，但现抄现卖，西洋艺术学院的那一套规章办法移植来中国，也还是新鲜的。

林风眠将巴黎洋人的经验拿来，建立了学分制，同时将科系进一步细化，将中国画系分成山水组、花鸟组、写生组。在西洋画系中，实行了专科教室制，采取一个画室一个教授负责的形式，注重写生和临摹。

林风眠的另一个大动作，则是聘请法国画家克罗多来华任教。

安德烈·克罗多于 1892 年出生于法国第戎。1908 年起，克罗多进入第戎美术学院学习，并开始在当地的报纸上投稿刊登自己的素描作品。1909 年，获得其所在省份发给的奖学金之后，克罗多北上巴黎，进入巴黎国立装饰艺术学院就读。在此期间，他曾和马蒂斯

齐白石

一起在独立艺术家沙龙展出作品。

1926 年 9 月 10 日，安德烈·克罗多携夫人到达北京。林风眠在《晨报》上发表了标题为《欢迎克罗多先生》的文章，称："在这举国混战，北京教育界已陷于僵死的时候，克罗多先生竟不辞艰苦地到东方来，我们在愁苦的生活中，得鉴赏世界名画家作品的机会，这是多么喜悦的事！"

而林风眠所做的让人惊爆眼球的事儿，还是请齐白石来做教授。

如齐白石自己所述："我那时的画，不为北京人所喜爱。除了陈师曾以外，懂得我画的人，简直是绝无仅有。我的润格，一个扇面，定价银币两圆，比同时一般画家的价码，便宜一半，尚且很少人来问津，生涯落寞得很！"

北京艺专当时在传统中国画方面，以萧俊贤为领袖。而萧的画风，与齐白石先生完全属于不同的世界。

如果不以萧的画作为评断标尺，则需要树立新的标杆。

因此，我们必须把林风眠此举视为他自己有意树立中国画新领袖的尝试。

林风眠后来在谈及北京艺专的情况时说："在艺专内部，国画系为一些保守主义画家所把持，他们团结得很亲密，只要辞掉一个就全体不干了。单独地成立起一个系统。"

为了打破僵局，林风眠一方面要团结原有的国画教授，一方面要树立自己对国画的标准，所以，引进了齐白石做教授。

观念分歧

事实上，北京的传统中国画家们（林风眠口中的保守主义画家）反对林风眠等为代表的画学新派。

1920 年 5 月，中国画学研究会成立，由金城、周肇祥、贺良朴、陈师曾、陈汉第、萧谦中、徐宗浩、徐燕荪、吴镜汀、陶瑢等 20 余人发起，得前大总统徐世昌支持，批准将日本退还庚子赔款的一部分用于开办中国画学研究会。

画会以"精研古法、博采新知"为宗旨，提倡学习宋元及南北各家，不专宗四王，反对革新派的革新。名誉会长为周肇祥，会长为金城，副会长为陈年、徐宗浩，聘请陈汉第、胡佩衡、溥雪斋、溥心畬、张大千、黄宾虹、萧俊贤等人为评议，进行对传统绘画研究的教学活动，除每月逢三、六、九日开会观摩，主要是组织画家参加中日绘画联合展览。

其名誉会长周肇祥先生，即视齐白石先生的画法为"骗人"。

而对林风眠等人所倡导的新式画法，更是视同水火。

中国画学研究会不但得到官方资金的支持，同时，还主办着一个重要的中日艺术交流活动，在中国及日本都有着巨大的影响。

1919 年以后，中日之间的绘画交流初露端倪，并渐渐开始频繁交流。1919 年 9 月 3 日的《晨报》上刊出了一则新闻《北京绘画展览会定期开会》："闻北京将有绘画展览会出现，其场所在清宫内傅心殿，其会期为一个月，由十月一号起，其发起人为周自齐、王克敏、颜世

百年巨匠
林风眠
Century
Masters
Lin
Fengmian

清、王任化、金绍城及日本人渡边福井荒木诸人，其目的以荟萃中日两国之美术供人观览研究云。"

1924年，举办中日画展的时候，恰逢印度诗哲泰戈尔访华。4月30日，泰戈尔同秘书恩厚之及徐志摩等于11时前来参观了陈列展，中国画学研究会闻讯前来欢迎，并开茶会招待。

在欢迎会上，中方代表阐明了中国画的标准："吾国前贤评诗与画者，有言诗中有画，画中有诗，此二语，世界大凡诗画名家，无不承认，盖诗画在艺术上有一致之精神也。"

尽管如此，研究会的画家们对可能面临的发展变化，也还是做好了心理准备："惟今后艺术趋势，如徒墨守成规，而无一种创作思想厢养其间，则所谓诗，无不为格律所拘，所谓画，无不为稿本所陷，其真正美感，绝难自由发挥，故诗画在今日，均有改革之必要。"

泰戈尔则就中方代表的观点发表了看法："盖艺术无国界，最称高尚，中国艺术源流，在历史最为悠久而深奥。西方人士不知中国文

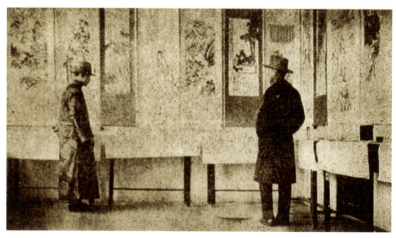

民国时期的美术展览与观众

化者，往往误谓中国艺术，将有断绝之虞，其实不然。余昔游日本，由某收藏家，约观中国画，早已叹赏不置，及至中国，觉得民族爱美的实现，与自己的理想，甚是相合，并极相信爱美的精神，不易磨减，惟有时暂为消沉，但是如泉水之流于地中，不久又能涌出地上，仍然进行，或者反加活泼。今观诸君作品已入此境矣。"

在这个欢迎会上，泰戈尔并未泛泛而谈，对中国画的发展，也提出了自己的中肯建议：须将历史的遗传与现状的关系合一研究之。

演讲结尾，对于中国艺术，泰戈尔给予了很高评价："余昔亦曾游历西方，但其见闻所及，有如履行沙漠，干燥无味，一到中国，如观绿洲。今观诸君作品，咸有趋于新的发展之倾向，此等愉快，岂可言宣云云。"

泰戈尔 1913 年获得诺贝尔文学奖，成为第一位获得诺贝尔文学奖的亚洲人，中国文学界以"诗哲"称之。

泰戈尔来华访问，能够出席中国画学研究会的活动，可见该会当时的影响之大。画会的领军人物，隐然为北方画坛的领袖。

有画会的广泛影响加持，有社会名流的酬唱往来，有在校学生的大力支持，画会的评议萧俊贤先生，自不用说，就成了北京艺专传统中国画教授里的核心人物。

在北京艺专，林风眠的西画伙伴们，与他的主张大体相近。在教学上，也提不出太多异见。

但在传统中国画教学方面，林风眠还是遇到了挑战。

而挑战他的教授代表，就是萧俊贤，与林风眠辈的艺术主张南辕北辙。

萧俊贤与陈师曾关系密切，与陈的父亲陈三立是画友。

1899 年秋，萧俊贤游洞庭湖，归作《风雪归舟图卷》，陈三立、谭

百年巨匠
林风眠
Century
Masters
Lin
Fengmian

延闿等诗家先后为之作题。陈三立题曰："雪底江湖白浪围，营邱画稿认依稀，当年领取荒寒趣，雁鹜浮天一棹归。"

当时，陈三立的父亲陈宝箴贵为湖南巡抚，能与萧俊贤这样的一介布衣相交，亦能体现萧俊贤身份的不凡。

第二年，陈三立办家塾一所，萧俊贤被聘为图画教员。虽然此时陈石曾已经24岁，两年以后即东渡日本留学，不可能受业于萧俊贤门下，但亦师亦友，相互切磋的关系，应该还是有的。

从年龄上看，萧俊贤亦应为陈石曾的父执辈。

萧俊贤主张"先师古人""后师造化"，认为"瀹灵造化，是能以古为今，因袭而创造"。又说：画的最高境界是"自在画"，而"自在画等于临本画加写生画再加工夫画"。

王守梧《柳波舫随笔》记述北京时期的萧俊贤云："萧俊贤先生字屋泉，年六十余，犹精神矍铄，倜傥不群，而性尤廉介，不喜标榜。以故与京师画家鲜通声气，而别树一帜也。"又记："尝寓金陵，时韩紫石正为江苏省长，请其绘立轴一，并欲其题'紫老'之款。先生遽色曰：'彼老，予亦老矣！我固不知孰老也。署紫石先生可耳，何喋喋之甚也！'其耿介强倔如此。"

不独反对林风眠，徐悲鸿后来就任北平艺专的时候，带头起来反对的，仍然是萧俊贤。

我们有理由相信，在艺术理念上，林风眠的一套，受到了萧俊贤等"保守主义画家"的抑制，因此，林风眠不得不另延新人，来实现他的艺术理想。

齐白石就顺理成章地出现在北平艺专的课堂上。

画坛新风

　　"五四"所裹挟起来的对传统文化的反思大潮和学习东洋西洋技术与文化的新文化思潮，也掀起了一场彻底改变传统中国画趣味与审美的文化革命洪流，经由林风眠等人的努力，对传统中国画的改造，也形成了有力的冲击，并推出了一些具有标志性的画坛新人物，其中之一就是齐白石。

　　齐白石半生困顿。这个木匠出身的画师，终日鬻画为生，以资家计。钱多便添一只小虾，钱少便去一枚鲜果的算计，在增加着齐家餐桌上的馒头之余，也为他赢得了如市井小贩般斤斤计较的名声。

　　1926 年，64 岁的齐白石在陈石曾的帮助下，把他的画带到了日本，并卖出了很好的价钱。他的画在北京渐渐有了销路，慢慢改变了穷困无着的窘境，人生才有了一点明亮的微光。

　　中国画的未来向何处去，一方面在西洋画中汲取养分，一方面在民间画中寻求突破，因此，富有远见的林风眠、徐悲鸿把目光盯上了画风中有着浓厚民间画色彩的齐白石。这是林风眠、徐悲鸿等看遍西洋艺术的归来者，对传统中国画蜕变方向的一个选择。

　　或者可以说从西方归来的林风眠、徐悲鸿在对传统中国画绝望之际，认为在民间画方面有所突破的齐白石，多多少少是对"四王"、董其昌一类画风的反叛（而萧俊贤先生，则仍然师法"四王"坚持传统），成为传统中国画的另一个方向。因此，两位青年美术教育家先后请齐白石出山，到他们主持的学府登坛开讲。力图让死气沉沉的传统中国画，注入一丝新风。同时引领了艺术必须走出象牙之塔、走向民间的美术思潮。

中国画的"走向十字街头"，是"五四运动"后中国画坛的主流，也是林风眠、徐悲鸿两位美术教育家在办学中的一种积极尝试。

离开了"五四运动"这个大趋势，离开了旧的王朝业已倾覆、旧的文化已经腐朽、传统中国画面临革新这样的时代背景，不但难以解释林风眠、徐悲鸿焚膏继晷的中国画改革之举，也难以解释齐白石的画为什么在晚年之际方获认可。

一个时代有一个时代的审美标准，一个时代有一个时代的艺术。

齐白石的扬名正逢其时，林风眠、徐悲鸿的革新，也恰遇时代。

以传统中国画的价值观和艺术观来看齐白石，则齐白石的画恰是"俗气熏人"，"不能登大雅之堂"。

在当时，即便是齐白石的一些好友，对他的画也存有看法，名画家、京津画派领袖周肇祥与齐白石私交很好，但周肇祥私下却对学生说："千万不要学齐先生，他的画是骗人的。"

周肇祥工诗文，精鉴藏，通文史。晚年潜心金石书画，为京津画派领袖。曾任团城国学馆副馆长、东方绘画协会干事、委员。与金城等著名画家创办中国画学研究会，自 1926 年起任中国画学研究会会长，1926 年 9 月 30 日～1928 年 2 月任古物陈列所所长。

周肇祥对传统中国画的鉴赏，功力自非普通识家可比，对传统中国画的优劣评断，也具有相当的权威。

四川大学艺术学院侯开嘉先生分析说，当时新文化运动的一种趋势是从高雅到通俗，从古典到民间，胡适等人提倡的"白话文运动"即是证例。而陈师曾画《北京风俗图》、《读画图》与齐白石把文人画和民间绘画有机地结合，所谓"红花墨叶派"，都是顺应了新文化

运动大趋势的产物。陈师曾之所以自作主张坚决把齐白石的画带到
日本东京去参展，也就是渴望把他们变革中国画的新作能在世界审美
的目光下得到验证。

林风眠与其后的徐悲鸿，应该同样有这样的企图。

许多中国画论者认定齐白石是一位传统中国画大师，但一位德
国画家，却认为齐白石："以一种难以置信的稳定而大胆活泼的笔触，
运用他的毛笔作画。他眼中所见的事物均融入画中，包括一些他从大
自然中体验的稀有事物。他将火红的颜色如褐色、橘红、棕色及类似
的颜色配合漆黑的中国墨色，使得他的绘画有高度现代艺术的气氛。"

而日本外交官、美术收藏家须磨弥吉郎，除了自己收藏外，还郑重
向德、美两国公使推荐齐白石的画，并称赞齐白石为"东方的塞尚"。

众所周知，塞尚被称之为"现代艺术之父"或"现代绘画之父"，
塞尚重视色彩视觉的真实性，"客观地"观察自然色彩的独特性，注

《牧马图》20 世纪 50 年代

重表现物象的结实感和画面的深度。

把齐白石比喻成"东方的塞尚",表明齐白石与传统中国画已经开始分道扬镳。他的"红花墨叶",对于传统中国画守静尚黑的风尚,形成彻底的反动。

简单来说,此时的齐白石代表的是一股民间的、同时兼有西化色彩风格的现代画风。齐白石的画是一种"精神与近世艺术潮流相吻合"、"有高度现代艺术的气氛"的创新的中国画!

坐上北京艺专校长之位不久,林风眠就登门延请齐白石登坛主讲中国画,那时齐白石的民间画被正统国画家讥笑为"野狐禅"。听说要请齐白石,国画系教师群起反对,说齐白石这个木匠从前门进来,我们就从后门出去。

尚未获得自信的齐白石,自嘲是"乡巴佬",不肯到洋学堂教书,林风眠一次次登门延请,这份诚恳终于打动了齐白石。

齐白石的民间传统中国画形式和克罗多的新印象主义画风,再加上于东洋图案极有研究的鹿岛在假期当客座教授,给中国的绘画教育注入了新鲜血液,从而培养出大批适应实践林风眠艺术理想的新生力量。

《世界日报》当时的报道称:

> 林风眠主持校务后,延聘专家,实行专科教室制,一时东西艺术家,会萃于该校。尤以法国之克罗多影响最大,彼之画风与教法,俱有独到之处,故学生研究兴趣,因之提高。一年以来,各种绘画团体先后成立十余种,而展览会每周平均在一次以上。

可以说,林风眠一方面树齐白石为新中国画的样板,一方面以克罗多为西方艺术的传习教师,在北京艺专,引导了一种新的艺术风尚,为传统中国画关了几百年的黑暗铁屋,打开了一扇明亮的窗子。

分系风波

林风眠出任杭州艺专校长之后，在中国画的观念方面，与潘天寿也有较大的分歧。

在杭州艺专的教授架构上，林风眠不抱个人成见，聘请潘天寿来校教授中国画，并任系主任和教授。

潘天寿是海派大师吴昌硕的高足，几乎没涉足过油画或素描，认为中西绘画都是高峰，主张立足于民族本位艺术而"拉开距离"。

在此之前，林风眠虽略知潘天寿在中国画领域的成就，但与其并不相识，是潘天寿在上海新华艺专共事的吴大羽举荐的。

林风眠出任杭州艺专校长后，最重要的举措，即推进"中西合系"。在该校的《艺术教育大纲》中明确写道：本校绘画系之异于各地者即包括国画西画于一系之中。

林风眠认为：我国一般人士多视国画与西画有截然不同的鸿沟，几若风马牛之不相及，各地艺术学校亦公然承认这种见解，硬把绘画分成国画系与西画系，因此，两系的师生多不能互相了解而相轻，此诚为艺术之不幸！我们要把颓废的国画适应社会意识的需要而另辟途径，则研究国画不宜忽视西画的贡献；同时，我们假如又把油画脱离西洋的陈式而足以代表民族精神的新艺术，那么研究西画者亦不宜忽视千百年来国画的成绩。

即使是西画、国画合并于一系，但教学还是无法混沌起来的，还是需要国画老师教国画，西画老师教西画。

西画和国画合于一系，初衷虽好，但在具体教学实践中，由于学生的趣味以及社会风气的影响，重西轻中的味道非常浓郁。

这表现在课时的安排上特别明显，每周西画有二十课时，国画只有四课时；学生上中国画也不认真，有所谓"磨墨派"的，在上课时只是磨墨，墨磨好了，课也"磨"过去。有时学生干脆不来上课。杭州艺专学生彦涵回忆当时的情景说：当时国画界不甚景气，选修的学生不算多。可是潘先生对自己的课务异常负责，他上课时每课必到，记得教室里只有我一个人，他也从不置弃。每当出现这种情况时，他总是隐约地露出失望的神气，而又亲切地说："就你一个人。"我觉得多么对他不起。我在这种精神感动和促进下，也成一个不缺课的学生。

由此可知，林风眠与潘天寿二人并无个人恩怨，两个人最大的分歧，在于中西画的分科与合系。潘天寿是分科的力倡者，而林风眠是合系的实行者。

在艺术理念上，林风眠提出"中西调和论"。

林风眠在《东西艺术之前途》一文中，比较了东西方艺术的异同：西方艺术，形式上之构成倾于客观一方面，常常因为形式之过于发达，而缺少情绪之表现，把自身变成机械，把艺术变为印刷物。如近代古典派及自然主义末流的衰败，原因都是如此。东方艺术，形式上之构成，倾于主观一方面。常常因为形式过于不发达，反而不能表现情绪上之所需求，把艺术陷于无聊时消遣的戏笔，因此竟使艺术在社会上失去其相当的地位（如中国现代）。其实西方艺术上之所短，正是东方艺术之所长，东方艺术之所短，正是西方艺术之所长。短长相补，世界新艺术之产生，正在目前，惟视吾人努力之方针耳。

面对于传统中国画，林风眠则直陈其弊："中国之所谓国画，在

1929年，林风眠与潘天寿等国立艺术院赴日教育考察团成员合影

过去的若干年代中，最大的毛病，便是忘记了时间，忘记了自然。"

而这个"洋大夫"给中国传统画开出的药方是：第一，绘画上的基本练习，应以自然现象为基础，先使物象正确，然后才是"写意不写形"；第二，改变工具以区别于传统；第三，绘画上的单纯化。

这些观念，都招致了潘天寿的反对。

不满合系的潘天寿明确表示应"分科教学"，教室也需分开。他对民族文艺的独特性非常肯定："一民族有一民族之文艺，有一民族之特点，因文艺是由各民族之性情智慧，结合时地之生活而创成者，非来自偶然也。"

1961年9月，他在讲座时说："一个民族文艺的成就，总是与这个民族的性格有关，与天时地理有关，也与历史环境互相影响有关，总是由种种条件而形成一条河流的。从古代到清朝，中国是个重文轻理的国家。因此，当八国联军进攻中国的时候，中国人就感到科学不如外国，有一些人，如康有为、梁启超就主张废科举，提倡科学，派人出洋留学。然而觉得科学不如外国，就连文艺也不如外国，加以否定，似乎中国文艺不科学。这是崇洋思想。"

潘天寿是中国传统绘画理念的维护者，但对于西方艺术，他其实并不排斥。1936年，他在《域外绘画流入中土考略》中对比了中西绘画的特点："原来东方绘画之基础，在哲理；西方绘画之基础，在科学；根本处相反之方向，而各有其极则。秉雍氏之言，因为叙述东西绘画异点之所在，实为贺喜双方各有终极之好果，贡献于吾人之眼前，而不同其致耳。若徒眩中西折中以为新奇，或西方之倾向东方，东方之倾向西方，以为荣幸，均足以损害双方之特点与艺术之本意，未识现时研究此问题者以为然否？"

在潘天寿看来，中国画与西画各成为一个系统，各自尊重，方为上策。"世界的绘画可分东西两大统系，中国传统绘画是东方绘画统系的代表"。

在潘先生看来，中国绘画与西洋绘画相比，实各有妙处，而中国画"实处东方绘画统系中最高水平的地位，应该'当仁不让'"。

因此，林风眠们的"调和派"或者其他"融合派"的看法，在潘先生看来，都过于极端：东西两大统系的绘画，各有自己的最高成就。就如两大高峰，对峙于欧亚两大陆之间，使全世界"仰之弥高"。这两者之间，尽可互取所长，以为两峰增加高度和阔度，这是十分必要的，然而决不能随随便便的吸取，不问所吸收的成分，是否适合彼此的需要，是否与各自的民族历史所形成的民族风格相协调。在吸收之时，必须加以研究和试验。否则，非但不能增加两峰的高度与阔度，反而可能减去自己的高阔，将两峰拉平，失去了各自的独特风格。

正因为对于中国画的自信，他提出："中西绘画，要拉开距离；个人风格，要有独创性。"

如何与西画对抗？让中国画自成体系？或者自成一个系统，屹立于世界艺术之林？潘先生的观点是："我向来不赞成中国画'西化'的道路。中国画要发展自己的独特成就，要以特长取胜。"

对于过分看重西方艺术，并让西方艺术统驭于本土艺术，潘天寿并不满意，批评这是一种"洋奴隶"思想，他说："中国人从事西画，如一意摹拟西人，无点滴之自己特点为民族增光，是一个洋奴隶。"

对于西方绘画的"科学"，潘天寿也有自己的看法：科学固然是对的，但绝对科学却不是艺术，而成自然主义，成了照相了。从根本上来讲，艺术家仍然要凭自己的眼睛、自己的情感来作画，不作造化的奴隶，而要造化在心，变化在手，能察自然变化之神奇，有化天地万物之手段。

1928 年，潘天寿在《中国绘画史略》中曾作一个精彩结论：近数十年来，西学东渐的潮流，日涨一日。艺术上，也开始容纳外来思想与外来情调，揆诸历史的变迁原理，应有所启发。然而民族精神不加振作，外来思想，实也无补。因民族精神为国民艺术的血肉，外来思想，是国民艺术的滋补品，倘单恃滋补，而不加自己的锻炼，是不可能成功的事。故想开拓中国艺术的新局势，有待乎国民艺术的复兴运动。

对于林风眠与潘天寿在中西艺术上的争论，他们的学生吴冠中，曾经撰文予以评述。"这样的针锋相对，林校长并没不满或动用行政手段报复。相反，他认真思索了如何调和中西艺术。1929 年他在《中国绘画新论》一文中表明了自己的探索：'从历史方面观察，一民族文化之发达，一定是以国有文化为基础，吸收他民族的文化，造成新的时代，如此生生不已的。'他提醒人们，西洋文化的直接输入，在思

百年巨匠
林风眠
Century
Masters
Lin
Fengmian

潮中已经发生了极大的澎湃的这个时代，'中国绘画的环境，已变迁在这个环境中'，这样就不能不考虑'中国绘画固有的基础是什么？和西洋不同的地方又是什么？我们努力的方向怎样？'他诚恳提出：'在现在西洋艺术直冲进来的环境中，希求中国的新画家，应该尽量吸收他们所贡献给我们的新方法；传统、模仿和抄袭的观念不特在绘画上给予致命的伤害，即中国艺术衰败致此，亦为这个观念来束缚的缘故。我们应该冲破一切的束缚，使中国绘画有复活的可能'"。

众所周知，林风眠提倡中、西结合，而潘天寿主张立足于民族本位艺术，中、西画要拉开距离。如局限在这口号式的观点上来评解、比较这两位大师，必将引出误解和误导，也确乎已经产生误解和误导。

吴冠中站在中立的立场上，来看待他这两位老师的观念之争，并对两位老师的人品，给予了非常高的评价：30年代的国立大学教授月薪一般是三百大洋上下，杭州艺专也不例外。而私立的美术学校几乎没有什么薪金，可能就有一点车马费而已，画家能进入杭州艺专教课，那是至高无上的职业和荣誉。林风眠作为校长，聘任的教授如林文铮、蔡威廉、吴大羽、方干民、刘开渠、王子云、李超士、雷圭元、李树化等等，都是高水平的法国留学生，此外就是外籍教授，如法籍克罗多、英籍魏达、俄籍杜麦契夫等。至于国画教授选谁，竞选者当然众多，我入学时，国画教授就是潘天授（后

1936年，林风眠（前排左一）带领杭州艺专教师们到超山郊游并凭吊吴昌硕墓

改为寿），还有一位教工笔画的张光女士，她好像还只是讲师。李金发和李苦禅也曾任教，不过我入学时他们已离去。同学们都崇敬这群高水平的老师，并认为是全国美术界的顶尖人物。林风眠聘任潘天寿，显然他是看到了潘的杰出才华、独特风格及其现代性，但那时留洋的林风眠与国粹的潘天寿之间估计不会有什么往来，更何况林的中西结合观与潘的本位观更无共同语言，我一向钦佩林聘潘是识才，是胸怀宽阔，但近一时期倒极想揭开林聘潘的具体情况，但当事人及可能知情之人几乎均已作古。终于，潘公凯告诉我他在"文革"期间潘天寿的检讨与交代材料中得悉是吴大羽代林风眠联系了潘天寿。林风眠识潘天寿的画、书法、诗、篆刻，但不识其人。而吴大羽与潘天寿一度在新华艺专同事，情谊不错。吴大羽青少年时便爱书法，且常为人写对联，则吴大羽的慧眼识潘天寿便是必然的了。

在吴冠中的印象里，潘天寿在同学中颇受尊敬，同时也直言，当时学习国画的学生极少：杭州艺专不分西画和国画，只设绘画系，每天上午全部是西画人体写生课，每周只两个下午是国画课。国画课上潘老师每次出示两幅他自己的作品，幅幅精彩。他教学主张先临摹古人，而后逐步自己创稿，基本不写生。同学对他的作品和人品极为尊崇，曾有同学相互打架，训导处劝阻不住，请来潘老师，争吵的事就平息了。后来在云南时闹学潮，同学追打一位图书馆负责人，他急了逃到潘老师的宿舍，躲到潘老师身后，于是同学们只好退出。敬爱潘老师本人是一回事，但年轻人爱西画，愿学国画的较少。

吴冠中在文章中说，主张中西结合的林风眠从不干预潘天寿的教学观点与方式，潘老师完全自由充分表述自己的学术见解，不过他那时没有提出中、西画要拉开距离这一说，是否因林风眠、吴大羽等权威教授都是教西画的，温良敦厚的潘老师慎露语言锋芒。

吴冠中也盛赞了潘先生对待林风眠的仁义：潘天寿校长未忘林风眠，他邀请落魄江湖的林风眠回艺专任教，是由于立足于民族艺术的潘天寿同样重视油画，还是由于酬谢林风眠当年的知遇之恩，这两种因素或许都有。他们的人品和艺品真是令同学们感慨万千。林风眠接受了潘的邀请，满足了同学们的渴望。

百年巨匠
Century
Masters
林风眠
Lin
Fengmian

第四章 ｜ 师：中与西

一个人的师承重要吗？

答案多种多样。但看完了林风眠的师承

故事，读者或许会给出不同的答案。

开蒙之师

百年巨匠
Century
Masters
林风眠
Lin
Fengmian

林风眠最早的图画启蒙老师，有梁伯聪和黎茂仙两位。

先说梁伯聪。

梁伯聪（1871～1945年）是广东梅州梅城西区梁屋"鹤和楼"人，也就是说，林风眠考入梅州中学以后，得以在梁伯聪的教导下，在图画方面有了较大的进步。

梁伯聪出身于仕宦之家，祖父梁廷辉，为清嘉庆进士，官至礼部郎中；父亲梁鉴三，清道光举人，曾任福建上杭县知县。

父祖两代均在朝中任官，在当时的梅州，也是凤毛麟角。

梁家藏书甚丰，梁伯聪自小诸多浏览，得益甚大，故学问渊博。他曾参加清末最后一期的科举考试，成为秀才。

梅州当地的有关资料评价说，他"所绘山水花鸟，笔法清新，意境超脱"。

梁伯聪后以教育为业，先后执教嘉善女子中学、女子师范、省立第五中学、省立梅州中学，在梅州中学的执教时间长达34年。

梅州中学是当地的知名学府，34年的时间所教学生甚多，说其桃李满天下亦不为过。

他精通国文、图画，林风眠在他的教导下，受益良多。

梁伯聪对林风眠十分赏识，120分画作的故事，脍炙人口。

梁伯聪哲嗣梁挺生所著《六十年烟云》里，记载了这个故事："有一次家父在课堂上展示了一幅很好的学生国画习作，问大家应该给多

《山村小屋》 约20世纪40年代

少分，全班同学都说应给满分 100 分。可是家父说不可以。当大家还
不知道到底 100 分给多了、给少了的时候，家父接着说：'这 100 分只
是给他完美的绘画，可是他画中所表露的艺术潜质，却已超越了他的
学历。那就是说，他的画是超水准的，应得 120 分，这是破天荒给的
分。'但后来证明，这破天荒的学生，固然成为现代乃至世界画坛的
巨擘。"

梁挺生是梁伯聪的三公子，曾在美国留学，于迈阿密州圣多玛大
学取得博士学位，后回香港开办学校，曾任圣若望英文书院院长。

梁伯聪先生淡泊名利，70 岁曾撰自寿联："四时闲作业，人来问我，祇知花鸟怡情。"

梁伯聪先生喜诗，著有《梅县风土二百咏》一部。有描述古塘坪飞机场的绝句："飞机场筑古塘坪，兴不多时又废耕。空惹敌人凶瞰视，弹投炸击震天惊。"还有首诗提到抗战期间梅州的文化教育："沦陷区遭敌不堪，移来商校与华南。中流一水遥相望，各自经营努力担。"

林风眠在梅州中学读书时，黎茂仙老师对他的影响亦很大。

黎茂仙原名黎璿潢，梅州孔庙旁黎屋巷人氏。黎茂仙的祖上黎重光是乾嘉年间的举人，黎重光的女儿黎玉贞则是岭东三大女诗人之一。黎茂仙与父亲黎惠谦一样，是清朝的廪贡生，而且继承了家传的中医医术。

像梁伯聪一样，黎茂仙也是个诗人，宣统三年，黎茂仙与张芝田、张麟寓合作编辑《续梅水诗传》，与张芝田合编《梅水诗传再续集》。

《歇》20 世纪 60 年代

大约林风眠向梁伯聪学的是绘画，而向黎茂仙先生学的，则是传统中国画家的另两样传家宝 —— 写诗与篆刻。

当年林风眠在梅州中学读书的时候，住在城内道前街的林家祠，经常到黎茂仙家去单独求教，黎茂仙先生当时已是高龄。

黎茂仙先生留有《茂

仙诗存》，是其逝世后，他的长子黎志宁编辑出版的，林风眠特意为老师的著作写了序。

黎茂仙的后人说，林风眠曾经送给黎茂仙先生三幅画，其中一幅是《双下山虎图》，黎茂仙有诗题记《林生凤鸣为余画双虎图作长句》：

乾坤莽莽白日藏，野原枯黑寒无光。

两雄邂逅倏相遇，风云际会惊寻常。

大张怒目或下视，眼中碌碌无馀子。

风尘鸿洞天为昏，肝胆轮囷向谁是。

一或攫身作狼顾，磨牙奋爪赫然怒。

当时恨煞无豪魁，举世喧腾走狐兔。

嗟哉天心胡不仁，杀气幻作云鳞鳞。

宁无名世出乘运，以杀止杀天下春。

白草萧萧朔风劲，登高一呼万谷应。

间关万里忍辞劳，要使神州旧底定。

吁嗟乎，两贤自古不相厄，虎兮虎兮幸莫逆。

色然一怒威八方，小丑纷纷皆夺魄。

以黎茂仙先生称林风眠为"林生凤鸣"可知，这幅画是林风眠尚为中学生时所画，但黎茂仙先生一直珍藏，并亲自题写了长诗，可见黎茂仙先生十分看重林风眠的才华，更看重彼此的师生情谊。

虽然离别后再未返乡，但林风眠对家乡的人十分热情，对家乡也非常怀念。

据梅州同乡林炫荣先生回忆："1976年秋，我与友人一起赴黄山写生收集素材返梅时，取道上海特地去南昌路五十三号，拜访素未谋面的林风眠先生。当时林老先生在会见几位友人，见到由故乡来访的

《雄鸡》20世纪50年代

我们十分高兴，用一口流利的客家话招呼我们。"

据林炫荣介绍，当时他们长谈了三个多小时，话题非常宽广，但最打动他的还是他对家乡的眷恋。"梅州母校发展如何？我们客家人读书的多，文化艺术教育事业历来就不错，如今学画画的人多吗？"临别时，林风眠还表示："很希望能回家乡亲眼看看别后几十年的巨大变化。"

对家乡的爱，或许也寄托了他对两位老师的深切怀念吧。

人生导师

对于林风眠在法国的留学经历，柳和清的一段讲述最有代表性：

林先生是一位知恩图报的君子，他一直在感激杨西斯先生。常常带着美好的回忆跟我叙说当年在法国求学的往事。那是在 1921 年，20 出头的他还在法国国立第戎美术学院求学，有一次要完成老师布置的写生作业，林先生决定选择罗马柱作为写生对象。当时，罗马柱在欧洲是极为常见的建筑形式之一，几乎每幢房子上都有。但在之前从未见过罗马柱的林先生看来，却觉得"伟大得很"，他十分喜爱罗马柱独特的造型与丰富的质感。于是，他极为认真地连续画了两幅"罗马柱"，表现罗马柱在不同的视角和不同光线下的独特感觉，倾注了自己强烈的情感。正在那时，校长杨西斯先生来班级里视察，他看了这两幅作品很感兴趣，就找林先生面谈，杨西斯校长开始还以为他是日本人，后来经林先生自我介绍才得知他是中国的穷乡村农民出身，兼以石匠为副业。可能是林先生的法语不够熟练，杨西斯校长误以为林先生是学雕塑的了，林先生赶紧再三解释，坚持说自己只是个石匠而非雕塑家，这使得杨西斯校长对林先生的诚实真挚更为欣赏。

真所谓"机遇只留给勤奋的有心人"，杨西斯校长这位法国"伯乐"对林先生欣赏有加，并将他推荐进巴黎国立高等美术学院深造，使年轻的林风眠在法国的学业更上了一个台阶。当时在巴黎国立高等美术学院的艺术环境是现代的、开放的，各种艺术流派竞相吐艳。林先生如饥似渴地吸取各种艺术营养，接触到原汁原味的印象派、野

百年巨匠

Century
Masters
林风眠
Lin
Fengmian

兽派、立体派等等各种不同的绘画流派。也知道了什么叫"海纳百川",什么叫"思想自由",什么叫"包容兼蓄"……为了生存,他勤工俭学,曾干过油漆工,但是单调的工作并没有让他感觉枯燥,他在回忆这段经历时说道:"不同的油漆在调和的过程中所形成的色彩涟漪以及色度渐变给人的视觉造成的冲击,都会给我留下最美最深的印象。认识颜色是我的爱好,我就是一个典型的'好色之徒'。"

1920年12月,林风眠与林文铮、蔡和森、蔡畅、向警予以及蔡畅母亲葛健豪一起,从上海搭乘法国邮轮奥德雷纳篷号赴法,于1920年1月,到达巴黎马赛港。

林风眠先后在圣杰尔曼、昂、莱依、枫丹白露、伏吉等各中学边补习法文,边干些油漆招牌一类零活,挣钱维持生活。

与林风眠共同就学于法国国立第戎美术学院的李金发,对林风眠的学生生涯也有一段描述:"学校是在市博物馆的最高一层,设备简陋,没有经常的教授及模特儿,使人好好的学习。可说是一所工场,其腐败的样子,比中国美术学校还坏。几十个男女同学,东一堆西一堆的谈天,或描绘石膏像……校长杨细思是巴黎美术学校出身,大约正出名的时候,第一次世界大战爆发了,使他没有发什么财。他的浮雕有一种特殊风格,比较朦胧有如图画,各大博物馆都有他的作品……我们在那里是虚度光阴,自己是雪亮的,总藉口到别处去,那时林风眠常常挟着粉笔画盒子到郊外去写风景,着色颇有两手,校长及

《摸索》（油画）1923年

同学都甚为赞赏。"

因为林风眠在学校学习期间表现优异，杨西斯校长推荐林风眠进了巴黎国立高等美术学院就读，在法国学院派画家柯罗蒙（Cormon）教授的工作室学习油画。

林风眠进入巴黎国立高等美术学院不久，杨西斯专程去巴黎看望林风眠。彼时，林风眠的艺术创作一度完全沉迷在自然主义的框子里，在柯罗蒙画室学了很长时间也没有多大进步。

满怀希望而来的扬西斯看后，对林风眠的现状很不满意，批评他学得太肤浅了。

林风眠自己在一篇文章里说："他诚恳地然而也是很严厉地对我说：'你是一个中国人，你可知道你们中国的艺术有多么宝贵的、优秀的传统啊！你怎么不去好好学习呢？去吧！走出学院的大门，到东方博物馆、陶瓷博物馆去，到那富饶的宝藏中去挖掘吧！'还说'你要做一个画家，就不能光学绘画，美术部门中的雕塑、陶瓷、木刻、工艺……什么都应该学习；要象蜜蜂一样，从各种花朵中吸取精华，才能酿出甜蜜来'。"

林风眠如醍醐灌顶般猛醒。

他回忆起这一段经历时说："说来惭愧，作为一个中国的画家，当初，我还是在外国、在外国老师指点之下，开始学习中国的艺术传统的。"

客观地说，杨西斯是位良师，除了给予林风眠西式绘画教育，更给予了林风眠如何成为一个艺术家的忠告。

艺术之师

我们终于可以提到林风眠的伟大老师柯罗蒙了。

关于柯罗蒙，国内的介绍少得可怜：学院派油画家柯罗蒙英文名叫Fernand Anne Piestre Cormon，生于 1845 年，死于 1924 年，是著名的法国学院派风格油画家。

林风眠与李金发在杨西斯的学校过渡了几个月，即转往更正规的学校就读。

李金发在自述中说：大约 9 个月后，经杨西斯推荐，林风眠和他到巴黎国立高等美术学院深造，林风眠到柯罗蒙工作室学油画，他则跟随约翰布塞学雕塑。

按照李金发的说法，林风眠进入画室，应该在 1922 年，而这时柯罗蒙已经 77 岁高龄了，两年以后，柯罗蒙教授即逝世了。

所以，研究这段历史，相对可靠的资料，仍然只有李金发的自述："安定下来，去找到教授Boucher先生，因为是杨校长的先客，很快就入其门下，没有经过什么考试。他恐怕从来没有收过中国学生，当然感到一些高兴。林风眠则入了Gourmont（即柯尔蒙）老教授门下。学校组织很松懈，自由不拘形式，计有三个雕刻教授，三个图画教授，一二个建筑教授，都是学院派的结晶，与外间自由作风格格不入。听说罗丹当年就是不满学院派，而自己出去奋斗，渐渐成名，那时人们还攻击他的'黄铜时代'，是从死尸上取模型而造出来的。我们须知一个人成了名，则许多传说会很自然地产生出来，我们姑妄信之而已。"

对于学校的介绍，则是如此："学校位于拿破仑路，历史悠久，历代大艺术家，多半是那里出身的，建筑古老，有如哈佛、耶鲁，在我们东方人看来，简直不像学校，学生三数十人老是围着一个裸体，或男或女，在描写，好像人体是一切艺术的泉源。图画班以木炭为主，雕刻班则以泥塑为主，终年如一日，周而复始的换模特儿去工作，好像那时大基本工夫，五六年后，程度到了，你自己出去创造，也不给你一张文凭，法国人则可以考取罗马官费，在意大利留学二三年，以后担保成为名家。"

至于班上的情况，则更令人感叹："雕刻与图画皆不是男女同校，女子自己一班，这一点法国人还是守旧。我们约一月换模特儿一次，男的或女的，每上午四小时约得一元（10法郎）站着不动还要受冷受热，有时年老精神不济的竟晕过去。我们有一次竟雇到罗丹造圣约翰巴蒂斯像的老模特儿，他已七十多岁了，他还能讲述罗丹当日怎样怎样，此老亦因罗丹而不朽了。"

李金发在杭州艺专时，曾建议自己取代林风眠，或许也是有缘由的："每班有一个班长，像监狱中的头子，他有权威支配一切新生，对教授负责。初进去时，交100多法郎，他代买雕刻台子等用具，他当然会从中染指，此外，每年不再交学费。一班中新旧同学阶级很严，有如监狱中老犯之歧视新监，新生必要请全班人到咖啡馆去饮啤酒，必有一次班中好事之徒，要出来建议，将新同学裸体给大家看，这等于美国欺侮新生，作弄新生，将其投入水池之类。这种下流举动，令人鄙视，我见来势不对，径到教授处去写了一信给班长说，不得去骚扰李同学，才得无事。林风眠因为此种困扰，不久不再去上课，在外面打游击，故他没有好好的基本训练，影响他后来的成就了。"

对林风眠的这段经历，郎绍君先生在文章中说，"柯罗蒙是否亲自

《悲怆》 1940 年

上课或如何上课，不得而知。不喜欢学院派的杨西斯为何推荐林风眠进他的画室，是考虑到打基础的需要，还是出自林风眠个人的要求，亦不得而知。林风眠在回忆文字中虽提及他，但只表示了对杨西斯的特别感激。"

郎绍君认为，"林风眠在巴黎的两年主要是学习，游学德国的一年（1923）则是他的第一次创作高潮。"

在杨西斯门下只是过渡，在柯罗蒙门下又所学不久，那么，林风眠到底在西方学到了什么？或者说，究竟是什么成就了林风眠？

郎绍君从维护林风眠的角度出发，给出了这样的解释："李金发说林风眠没有学好人体素描，所指应就是这些作品用欧洲写实绘画的标准衡量，他有道理；用近现代绘画的标准衡量，就不算有道理了。1923年前后，北欧特别是德国表现主义绘画正在盛行，我们还没有发现林风眠接触德国表现主义画家的记载，但在柏林一年，他不可能没有看到过表现主义的绘画展览、作品和出版物，不可能不受到表现主义思潮与氛围的感染，这种感染也许没有明显投影于1923年的作品，却在以后的作品中充分表现出来了。"

总之，我们可以说是西方现代艺术的整体氛围影响了林风眠，是林风眠主动学习西方，同时又能够回到东方，所以，才形成了自己的艺术特点。

林风眠以二十六岁任北京艺专校长，成为艺坛一时之话题，差不多人人皆议。林风眠任此职不过两年左右，却让这所学校在中国艺坛掀起阵阵巨浪，同时也不得不驶上风口浪尖。

艺术大会

Century
Masters
百年巨匠
林风眠
Lin
Fengmian

林风眠个性敦厚，团结各方力量，用最先进的理念来武装学生，是他的办学目标。

他在一份采访中这样说："我办学校主张多开展览会，让艺术接近大众，面向大众；主张要整理中国传统艺术。在艺专内部，国画系为一些保守主义国画家所把持，他们团结得很亲密，只要辞掉一个就全体不干了，单独地成立起一个系统。艺专曾举行过一次'艺术大会'，也就是一次大的画展，我在这次展览中的作品都是在巴黎时期画的。'艺术大会'是艺术大众化的具体表现。当时信封上都印上标语。秦宣夫、林文铮、傅雷、丰子恺都可能提供有关材料。"

林风眠说，"艺术大众化的主张是与鲁迅的《语丝》相接近的，并和孙伏园所办的报纸在一起。我曾为《世界日报》编过画报。一向主张艺术大众化、重视民间艺术的还有刘天华，刘半农也是接近《语丝》派的。我的作品《北京街头》（又名《民间》）是当时的代表作，我已经走向街头描绘劳动人民。与艺术大众化相对立的是现代评论派，他们是反对艺术大众化的。"

林风眠

奉系进京，思想相对保守，管理

者开始找北京艺专的麻烦。

林风眠回忆说，"后来张作霖进入北京，他说艺专是共产党的集中地。后叫刘哲（当时的教育部长）找我谈话。这次谈话形成一种审讯的样子，各报记者均在，报纸曾以半页的篇幅报道了这次谈话。时间是在张作霖执政的时候，李大钊同志死后不久。记得当时刘哲曾问：'你既是纯粹的学者，为什么学校里有共产党？'自从这次谈话之后，我只好悄悄离开。"

《民间》（油画） 1926 年

林风眠与奉系执政府的这段公案，他的学生吴冠中也有文章谈及："林风眠 1925 年回国任国立北京美术专科学校校长，1927 年南下杭州筹建国立艺术院，后改为国立杭州艺术专科学校，任校长至 1938 年。在北京期间，因其艺术观点及在教学中采用裸体模特儿等一系列措施遭到教育部长刘哲的严厉谴责，被迫离开北京。几年前林老师在香港同我谈起这段往事，说 1927 年 7 月份北京的所有报纸均报道了刘哲与林风眠的争吵，情势似乎要枪毙林风眠。白头宫女说玄宗，林老师叙述时轻描淡写，既无愤慨也不激动。正值壮年，血气方刚，林风眠除了做身体力行的实践者外，同时又发表艺术改革的主张，但投石未曾冲破水底天，陈陈相因的保守势力与庸俗的'写实'作风总是中国艺坛的主宰势力，孤军作战的林风眠在画坛从未成为飘扬的旗帜。"

"枪毙"公案

林风眠与奉系有矛盾，但是否如有的文章所说，到了要枪毙他的程度？

从林风眠自己的叙述来看，语调还是相对温和的。在他看来，他与刘哲间的"谈话形成一种审讯的样子"。

但到了吴冠中的笔下，林风眠和刘哲的矛盾升级了，描述两者关系时用了"情势似乎要枪毙林风眠"这样程度严重的词汇。

其实，张作霖是绿林出身，动辄以"枪毙"威胁人，是可能的，但刘哲则不然，他是一个文化人。

刘哲是旗人，自幼聪颖，品格端庄，行为稳健，颇知礼仪。

有关资料显示，刘哲从小做事认真，从不敷衍了事。他读书极勤恳，很努力，成绩在班级诸生中总是名列前茅。

1900年，刘哲考入了北京大学师范科，之后又转入北京大学文科学习，从北大毕业之后赴日短期留学。1907年刘哲由日本归国后，先任吉林政法专门学校校长。1915年取缔法政学校后，任吉林督军署顾问。由于他的名望较高，为人厚重，先后当选为吉林省第二届、第三届参议院议员，不久又当选为吉林省参议院议长。后任中华民国北京政府参议院议员、大总统府顾问。1921年底随中国代表团出席在美国华盛顿召开的九国会议。1924年，他应张作霖之邀请，赴沈阳出任东三省财政巡阅使兼帅府一等秘书官，后来又出任东北政府教育总长。1924年10月11日被选为中东铁路理事会理事。

1924 年秋第二次直奉战争中，张作霖打败了直系军阀，进驻北京，操持了北京权柄。1926 年成立安国军，张作霖就任总司令。1927 年 6 月 18 日，张作霖在北京就任陆海空大元帅职，刘哲出任了当时中华民国教育总长兼京师大学堂校长、京大美专部学长。

1928 年 3 月 1 日，刘哲又被任命为哈尔滨工业大学校长。

1928 年 6 月"皇姑屯事件"中，因陪张作霖同行被炸成重伤。1928 年 12 月 29 日东北易帜后，1929 年 1 月 12 日南京国民政府在东北成立东北政务委员会，刘哲除任东北政务委员外，还兼任东北边防军司令长官公署参议。

1936 年底"西安事变"时，刘哲、莫德惠、王维宙、黄绍竑乘飞机到太原找阎锡山，一同赶往西安劝说张学良商量把蒋介石放出来以便"团结抗战"。1937 年 1 月，刘哲偕同莫德惠、刘尚清、王树翰、王树常等去奉化溪口，探望被幽禁的张学良。张学良到台湾后，刘哲与莫德惠更是成为张的常客，常叙东北故乡之情。抗日战争时期，刘哲任国民政府参议院议员。

1945 年 10 月 9 日，国民政府任命刘哲为东北经济委员会委员，同时任长春铁路理事会理事。

《人道》（油画） 1927 年

百年巨匠

Century
Masters

林风眠
Lin
Fengmian

1947 年 12 月南京国民政府选出监察院全体监察委员，1948 年 6 月 5 日，蒋介石召集第一次监察院会议，由监察委员互选于右任、刘哲为监察院正、副院长。

全国解放前夕，刘哲去了台湾，1954 年在高官之位上客死台湾。

以刘哲一生行迹来看，这绝不是一个张口闭口要枪毙人的军阀，而是一个讲道理的知识分子。

刘哲与林风眠的分歧，大体与林风眠与萧俊贤们的分歧相似，还是文化观上的冲突。

据说，刘哲对自己要求极严格，同时深爱儒学，一生非常推崇孔孟学说，平日自己的言行举止总是按孔孟的教诲严格要求自己，一言一行必效法儒学先哲。他常说："人不可不遵古，古之风范乃数千年演化而成，已成定格，岂能随意更动乎。"

换言之，刘哲是旧文化秩序的维护者，对林风眠让模特脱光了给人画这种西洋作风，非常排斥。

刘哲虽曾留学东洋，但观念不像林风眠这些西洋归来的艺术家们那么激进，所以，在办学理念上，在文化价值观上，有着不同的看法和坚守，也是情理之中的。

西湖建校

1928 年 3 月 26 日，国立艺术院在西湖孤山脚下开学，以林风眠为首任校长。

蔡元培在讲话中说，大学院在西湖设立艺术院，"来创造美，使以后的人，都能渐渐移其迷信的心为爱美的心，借以真正地建立起人们的精神生活"。

林文铮在《蔡元培器重林风眠》一文中回忆道："1928 年 4 月 10 日，蔡先生偕夫人，由南京来校，主持国立艺术院开学典礼，他的长女蔡威廉同时应聘来校任西画教授（她后来成为我的妻子）。值得一提的是：当时蔡先生来杭州，为什么不住在浙江大学校长蒋梦麟家里，也不住西湖豪华的新新饭店，而是高高兴兴地住在葛岭下、林风眠简陋的木房子里呢？蔡先生之所以一定要住在林风眠家里，具有重大意义。蔡先生就是要昭示全国文化教育界，他，年逾花甲的老人，多么器重林风眠这个不满 28 岁的艺术家，把他当作新艺术运动的旗手。"

出乎意料的是，学生报到不久，还没有正式开学，就闹起风潮，反对校长林风眠。

林风眠的学生刘开渠回忆说：不知什么原因，开学不久，还没正式上课，就有一部分学生反对林风眠校长，把标语口号贴到了校内外。

4 月 8 日，林风眠校长决定正式开学，并要开除带头闹事的。

百年巨匠
Century
Masters
林风眠
Lin
Fengmian

《西湖风景》20世纪70年代

林风眠"文革"期间被捕入狱，在《狱中陈述》中提到了这个事件："1928年，学校正式成立上课，因校舍不好，同学们不满意几个教员，把校舍内关帝庙铜像打掉了，引起风潮，我为了保持自己的名利地位，我就镇压学生，要他们停止再闹。但他们继续闹，我开除了一个或两个学生。"

蔡元培到杭州的时候，学潮仍然没有平息，这个老政治家告诉林风眠：不要开除他们，让他们自己退学就可以了。

在开学典礼大会上，蔡元培说："艺术院不但是教学生，仍是为教职员创作而设的。学生愿意跟他们创作的就可以进来，不然不必来这里。"

蔡元培话说得很清楚，学校不单纯是为学生而设的，同时，也是为教师而设的，是为教师的创作提供条件和支持的，所以，一切以学生为中心的观念，在这所学校里并不完全适合，想闹事的学生，可以收拾行李自己走人了。

学生们听懂了蔡元培讲话的话外音，也明白他力挺林风眠，因此，这批学生与学校和林风眠的对立情绪有所缓和，"反林风潮"终于平息。

1928～1937 年的十年时间里，杭州艺专在林风眠的主持下，日渐成长。

艺术家们结成了坚强的艺术群体，且共事时间较长，影响也较大，西画有克罗多、吴大羽、李风白、李超士、王悦之、蔡威廉、方干民、叶云；中国画有潘天寿、李苦禅、张光；雕塑有李金发、王静远、刘开渠及英籍魏达和俄籍薛洛夫斯基；图案有刘既漂、孙福熙、陶元庆、王子云、雷圭元及日籍的斋藤佳藏；建筑艺术有俄籍杜劳；史论方面有林文铮、姜丹书、李朴园；并有钟敬文任文艺导师，张天翼任国文导师。这些都是美术史上卓有成效的大师或各方面的开拓者。

然而，树欲静而风不止，杭州艺专同样有无数的风风雨雨等待着林风眠。

林风眠在北京时，组织"北京艺术大会"，获得舆论广泛好评，他个人的声誉也由于媒体的传播，而形成更大影响。

1928 年林风眠到杭州后，为进一步深化"艺术运动"，组织成立了"艺术运动社"，同时创办了《亚波罗》、《阿西娜》杂志。

在为该校制定的《艺术教育大纲》里，林风眠直截了当地传递了自己的办学思想 —— 中西画于一处学习。

林风眠从学校制度安排上，看似让中西画并坐，但在实际的教学实践上，中国画被边缘化了，招致了潘天寿等教授的反对。

1935年，潘天寿与诸闻韵、吴茀之、张书旂、张振铎成立"白社"国画研究会，以研究中国画为主，兼攻书法、诗词、题跋、篆刻和画论画史等，提出以"扬州八怪"革新精神来重振中国画，很明显是在针对林风眠的"中西调和"理论。

林风眠一边创建"艺术运动社"，一边支持学生自发结社，讨论学术问题。

于是乎，校园内学生社团蜂起，"西湖一八艺社"就是其中最著名的一个。

1929年1月22日，国立艺术院的学生学术团体"西湖一八艺社"成立，发起人为1928级春季班学生陈卓坤（广）、何浩、沈寿澄，秋季班学生陈耀唐（铁耕）、徐正义等人，校长林风眠、教授李金发、克罗多等人担任该社顾问。

1930年春，受中国左翼作家联盟的影响，"西湖一八艺社"中开始出现了"普罗"（prolétariat）与"布尔乔亚"（bourgeoisie）两种不同的艺术观念，以及"为艺术而人生"还是"为人生而艺术"等不同观点间的争论。

国立艺术院创立时期的校址

1930 年 5 月 21 日，"西湖一八艺社"发生分裂，倾向"左联"文艺思想的陈卓坤（广）等人另立"一八艺社"。在共青团和"美联"的领导下，鲁迅等翻译的卢那卡尔斯基、普列汉诺夫、弗里契等人的文艺理论渐渐成为了"一八艺社"艺术实践的重要指针，劳动大众的形象、现实生活的斗争成为艺社成员创作表达的主题。

1931 年夏，"一八艺社"的张眺等几位成员与上海进步青年周熙（江丰）等人又发展组建了上海的"一八艺社研究所"，使杭州和上海的进步木刻活动连成为一片。

同时，部分社员由于受到鲁迅于 1929 年开始介绍出版的《梅斐尔德的士敏土木刻之图》、《新俄画选》，以及比利时版画家麦绥莱勒、德国版画家凯绥·珂勒惠支创作的版画作品的影响，产生了木刻创作的浓厚兴趣，在极其困难的条件下开始了木刻创作的最初实践。

1931 年 5 月，杭州艺专的"一八艺社"和上海的"一八艺社研究所"在上海联合举办了"一八艺社 1931 年习作展览会"，其中第一次展出了胡以撰（一川）的《饥民》、《流离》，汪占辉（占非）的《五死者》等木刻作品，鲁迅专门为这次展览会写了一篇内容深刻的序文：《一八艺社习作展览会小引》。此次展览在上海文化界产生了很大的影响。

随着影响的日益扩大，"一八艺社"受到了国民党当局的高压，社员张眺等人相继被捕，于玉海（海）、陈耀唐（铁耕）、陈卓坤（广）、顾洪干、沈福文、汪占辉（占非）、王肇民、姚馥（夏朋）、杨澹生、胡以撰（一川）等社员先后被学校开除学籍（或勒令退学）。

1932 年秋，成立仅三年多的"一八艺社"被迫解散。

重归画家

百年巨匠
Century
Masters
林风眠
Lin
Fengmian

全面抗战爆发后，林风眠被迫带领全校 200 多名师生和大量图书教具内迁。1938 年 3 月，在湖南沅陵，杭州艺专与北平艺专在当局的命令下合并。

后林风眠辗转来到重庆，刚到的时候，大约手里还有做校长时的积蓄，因此，住在重庆市中心的一个三层楼上。

他的学生赵春翔和几位画家朋友去访问他，回来后，写了一篇文章："近年来，从湖南沅陵到香港、上海又经昆明到重庆，每天没有间断过画。至少每天都有四五张，最多有三四十张，一直到最近还在继续。他用一种长辈的口吻告诉我们，学问是不能求近功的，像是储蓄钱财，一点点的加添，十年百年才会有效的。尤其艺术这部门，更非操毕生之力，是不能走出一条路，是不能找出自己的东西。"

林风眠对来访的学生，道出心底话："我走的路，正是你们没走过的，你们或许是太胆小了，不敢把笔顺着气痛快的拉，我很不爱照相式的刻板与平俗，那虽然是一般人喜欢的对象，但在艺术的价值上是微细的。"

时间不长，积蓄花得差不多的林风眠就搬到一间破旧、简陋的仓库里，何止是家徒四壁而已，所有的东西，只是一只白木桌子、一条旧凳子、一张板床。桌上放着油瓶、盐罐……

前四年，先生蜗居家中，每天面壁作画，以卖画度日，生活十分拮据。由于抗战期间物质的匮乏，购买油画颜料及画布都十分困难，林先生采用四川夹江宣纸作画，抛弃传统国画水墨及西画写实绘画。

画家谢海燕先生在潘天寿出任国立艺专校长后，被任命为教务长。他在回忆中写道：1942年（应为

《渔获》20世纪60年代

1944年），我与潘天寿受聘任国立艺专之初，就打电话敦请教育部聘林风眠先生返校任教，以安定人心。来到抗战陪都重庆后，我和潘先生没有先去教育部报到，而是乘了滑竿去南岸弹子石专访风眠先生。

林风眠失了教职，日子十分落魄，潘天寿为报旧恩，聘请他重回艺专当教授，但林风眠"每天除了任课时间外，林风眠一直过着半隐居的生活，一心一意地进行着远离画坛主流的孤独的艺术探索，像个苦行僧那样不问世事埋头绘画"。

他的学生席德进的记述说："他常常从城里买回来的两三斤猪肉和蔬菜，往锅里一丢，加上水和作料煮熟，就可足不出户吃上好几天。吃饱了就回到桌前，展开宣纸，画他的水墨。一天画上一百张是常事。他实验着新的题材、新的创造、新的笔法，迅速地用大笔挥洒，几分钟一张，不到几个月，就堆集了一大堆习作，大部分被他一把火烧成了灰……他也画过一些抗日的宣传画，描写日本军人对中国民众的残暴行为。"

抗战胜利后的1946年，林风眠抛弃了所有行李，只带了几十公斤未托裱的画回到了杭州。

百年巨匠
Century Masters
林风眠
Lin Fengmian

1947 年，汪日章任国立艺专校长时，林风眠再度到校任教，又曾一度被辞退。

1951 年暑期，林风眠以身体不好为名，半薪请假离开杭州，回到上海，次年正式辞去教职。

失去了正式工作，也就没有了每月丰厚的固定工资。为了生活需要，他开始了自己的职业画家生涯，用卖画的收入来维持一家人的生计。

林风眠（右二）与关良等在上海市郊写生

当时，国内买家已经很少，林风眠画作的收藏者，主要是在上海的外国友人（包括各领事馆的外国人，以及他的外籍妻子、女婿的社会关系等）。

他在写给学生的信中说：

近来在上海有机会看旧戏，绍兴戏改良了许多，我是喜欢旧戏的，一时又有许多题材，这次似乎比较了解它的特点，新戏是分幕，而旧戏是分场来说明故事的，分幕似乎只有空间的存在，而分场似乎有时间的绵延的观念，时间和空间的矛盾，在旧戏里，似乎很容易得到解决，像毕加索有时解决物体，都折叠在一个平面上一样，我用一种方法，就是看了旧戏之后，一场一场的故事人物，也一个一个把他折叠在画面上，我的目的不是求物、人的体积感，而是求综合的连续感，这样画起来并不难看，我决定继续下去。在旧戏里有新鲜丰富的色彩，奇怪的动作，我喜欢那原始的脸谱，画了一共几十张了，很有趣，这样一画，作风根本改变得很厉害，总而言之，怪得会使许多朋友发呆，也许朋友会说我发狂了……

林风眠画作中的戏剧人物很多，灵感多来源于那一时期。

柳和清先生在文章说，到了 1955 年，林先生的生活负担实在太重了，在不得已的情况下，林太太和女儿一家选择了离开上海，去了巴西定居。林先生就将楼下的房屋退掉，自己一个人住楼上的一层。

用中国人的语言来解释，则林风眠此时已经不能养活老婆孩子，家人分成两拨，除了他自己，其余的都出国了。

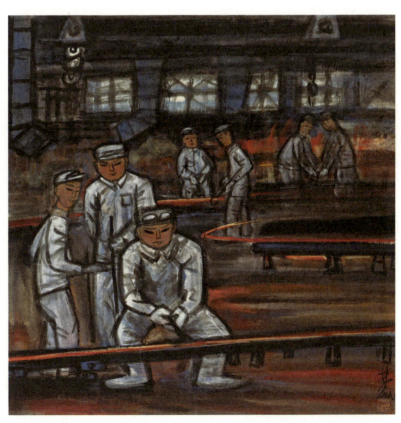

《炼钢工人》20 世纪 60 年代

百年巨匠
林风眠
Century
Masters
Lin
Fengmian

1958 年春，林风眠与上海画家吴大羽、关良、赖少其、陈烟桥等到川沙县严桥蔬菜生产队深入生活，住在农民家里。1959 年，他又到舟山群岛去写生，后来，又参加美协组织的参观写生活动，感受"大跃进"的气氛。约两年中，创作了一批反映工农劳动生活的人物画，他的学生苏天赐将这些作品概括为"应命之作"。

1961 年 8 月 8 日，林风眠与叶圣陶、老舍等人一起到赤峰（当时叫昭乌达盟）进行文化考察。

1962 年，林风眠在《抒情·传神及其他》一文中，谈了他那一段时间的创作感受：

> 我作画时，只想在纸上画出自己想画的东西来。我很少对着自然进行创作，只有在我的学习中，收集材料中，对自然作如实描写，去研究自然，理解自然。创作时，我是凭收集的材料，凭记忆和技术经验去作画的，例如西湖的春天，就会想到它的湖光山色，绿柳长堤，而这些是西湖最突出的东西，也是它的特性，有许多想不起来的，也许就是无关重要的东西了，我大概是这样概括自然景象的。

林风眠没想到，更坏的事情还没有来到。

"文革"开始后，他遭到批斗，1968 年入狱，1972 年始出监。

第六章　艺：破与立

离开了名利场，林风眠才真正成为自己。孤独让他得以思考，贫穷让他得以纯粹，远离世事让他更清楚作为一个画家所能负担的责任。

对于一个艺术家来说，名利从来都是鸦片，反而是苦难，让他们得以升华。

文化清算

百年巨匠
林风眠
Century
Masters
Lin
Fengmian

1927年，林风眠组织发起的声势浩大的"北京艺术大会"，也是他的另一个创新之举，希望通过在西方较有成效的艺术展会的形式，让民众对中西方艺术有个全面的了解。否则，"我们在艺术方面，眼总是睁不开"。

闭着眼睛看世界虽然可以妄自尊大，自我麻木，但这种自欺欺人式的高大感，不但于中国艺术无益，反而让中国艺术越来越落后于世界现代艺术，沦为民族自娱自乐的自赏式文化，渐渐被国际社会边缘化，最终走向没落。

据《世界日报》报道，1927年5月1日上午，大会召开了第一次审查会议。10日上午10时，林风眠又邀集各系教授，再一次召开审查会议。

将所有作品逐一审查，凡审查及格者，一律编为号数，计作品二千余件，自下午一时起，即开始陈列。其陈列次序，系采该校教授克罗多之建议，取混合式，打破中画、西画、图案画之界限，即各系之分组（如山水、花卉、工笔）亦不分，完全以作品配置相称与否为准，且一律编为号数。因画幅太多，分作十室展览……各个展览室，俱充满各种性质不同画风不同作品。闻该校因画幅甚多，特委托教授王代之、黄怀英、克罗多、彭沛民、李树化、杨仲子等在各会场指导学生陈列，直到夜深方陈列完毕。

"艺术大会"正式召开之时，"公推该校总务长王代之主席，首唱校歌，继由主席宣读艺术大会标语：'打倒模仿的传统的艺术！打倒贵族的少数独享的艺术！打倒非人间离开民众的艺术！提倡创造的代表时代的艺术！提倡全民的各阶级共享的艺术！提倡民间的表现十字街头的艺术！全国艺术家联合起来！东西艺术家联合起来！人类文化的倡导者世界思想家艺术家联合起来！'"

1927年，"北京艺术大会"中的林风眠（右二）

《世界日报》的消息说，"艺术大会开会第二日，熊希龄即偕其夫人朱其慧，到会参观，非常满意，谓是中国向来未有之创举，回山后，慈幼全院哄动，争欲一睹为快"。其后，该校（慈幼学院）又组织了60余人分两次前往参观，师生们都称赞说"艺术大会，实为我们艺术界开一新纪元"。

也正是通过这次艺术大会，媒体对齐白石有了相当好的正面评价。齐氏始引起收藏界的关注，画价在北平也日渐高涨。

这一年，传统中国画的最后一位大师吴昌硕去世。

艺专波澜

　　"北京艺术大会"召开后，因奉系军阀的干涉加上办校经费紧张，1928 年，林风眠不得不辞去北京艺专校长的职务，南下杭州，另创国立艺术院，并任校长。那一年，他仅有 28 岁。

　　林风眠无疑是杭州艺专的灵魂人物。在艺术教育上，他提倡兼容并蓄，启发学生个性化的创作。他明确提出"介绍西洋艺术，整理中国艺术，调和中西艺术，创造时代艺术"的教旨。当时的中国，国画和西画仍然是各自为系的。林风眠认为，"绘画的本质是绘"，他既不完全照搬西洋传统，又不墨守国粹陈规的那一套，渐渐发现了中西绘画分系的弊端，进行了大胆的改革，把国画、西画两系合为绘画系。

　　林风眠还请来法籍教授为学生上课，设法语为艺专第一外语。据毕业于国立艺专的著名画家吴冠中回忆，无论是任课教师、艺术主张还是课程设置，"当时的国立艺专近乎是法国美术院校的中国分校"。

　　林风眠认识到要办好学校，贯彻自己的教学主张，就必须有一群志同道合的同志和优秀的教学队伍。于是林文铮、李金发、吴大羽、刘既漂、蔡威廉、王静远等一群有留法背景，与林风眠有相同美术主张的人聚集到了一起。这些留法美术家占了学校主要美术教师的七成左右。他们大都在 25～28 岁之间，风华正茂，各有所长。这些有留法背景的年轻人也将法国的"化装晚会"带到了杭州艺专。每逢校庆等节日常常举行，长盛不衰。早年的化装晚会，学生们多会扮成

104

西洋人物，如圣诞老人、卖花姑娘、福尔摩斯等。

有一次晚会时，学生们遍寻林风眠校长未得，最后发现坐在角落、默不作声的法国老太太就是林校长扮的。和当时中国的其他美术院校相比，杭州艺专更正规化、西洋化，自由色彩浓厚。它培养了一批中国现代美术界的中流砥柱：赵无极是林风眠的得意门生；吴冠中1942年毕业于国立艺专；朱德群在艺术院时比赵无极低一级，比吴冠中高一级；后来蜚声世界的熊秉明同样毕业于此 …… 还有李可染、席德进、刘开渠、王朝闻、赵春翔、艾青等人均从国立艺专走出。

艺专学生席德进早年迷恋巴黎画派的基斯林，受其影响甚深，而缺乏自我感受。林风眠对他的作品大删大改，毫不留情，这让席德进怀疑林风眠不赏识他。一日，他托好友去试探道："席德进有绘画天分没有？"林风眠没有正面回答，却说："每个人都是不同的花，有的是牡丹，有的是芍药，还有的是路边的一朵小黄花。问题不在于你是什么花，而是你要开放，你要尽其所能地开放！"这话传到席德进的耳里，入到心里。后来席德进成了台湾最著名的画家之一，被称为"台湾水彩画之父"。

然而，理想与现实的矛盾总会在不经意间悄然袭来，令林风眠进退维谷。在杭州艺专的发展历程中，有两件事是不能回避的。一件是林风眠与潘天寿的中西画系分合之争，另一件则是"西湖一八艺社"的分裂。

与潘天寿的这次艺术争论，缘自林风眠依照"调和中西"的设想，提出要把国画系与西画系合并的动议。对于一直以"调和中西艺术"为己任的林风眠而言，只要能创造出时代新艺术，并达到通过新艺术来改造社会的目的，那就无所谓中西。而潘天寿则持相左意见，他认为东西绘画体系就如同两座独立的大山，两座大山间，可以

百年巨匠

Century
Masters

林风眠
Lin
Fengmian

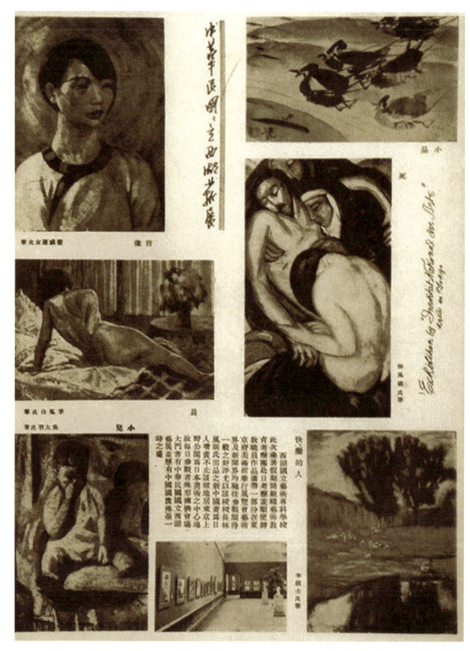

1930年8月15日，中国美术刊行社出版的《时代画报》第八期"国立西湖艺展"专栏，刊登了林风眠两幅作品，吴大羽、李超士、李风白、蔡威廉各一幅作品

互取所长互相沟通，但如果随便吸收的话，则只能是各取所短。

相形之下，"西湖一八艺社"的分裂则更具有历史的典型意义。建校之后，林风眠在创建"艺术运动社"的同时，也支持学生自发结社，讨论学术问题。于是，各种学生社团纷纷建立，"西湖一八艺社"就是其中最著名的一个。1930年春天，"西湖一八艺社"在上海举行首次公开展览，在展后举行的座谈会上，许幸之大力倡导"普罗"美术，并推重"为人生的艺术"这一富于时代特色的口号。而另一部分社员立即表示反对，他们认为"普罗"美术的提法，违背了林校长倡导的"为艺术而艺术"的宗旨。这场争论的激烈程度远远超过了林风眠、潘天寿二人的学术之争，最终导致"西湖一八艺社"的分裂——一部分拥护"普罗"美术的社员，删掉了"西湖"二字，以"一八艺社"的旗号加入了鲁迅在上海刚刚掀起的左翼美术运动。这对林风眠在学校所倡导的"艺术至上"观念，客观上不能不说是一次不小的冲击。

渐渐地，人们发现一度激情四溢的林风眠校长开始变得沉默了，对于分裂出去的"一八艺社"，他既不支持、亦不反对，采取一种放任自流的态度，这反映出林风眠在政治与艺术关系问题上，陷入了困惑和迷茫。他的注意力也逐渐从过去致力于艺术改造社会的运动，逐渐转移到绘画艺术的探索和变革上来。

当林风眠从一个艺术运动的领袖回归到一个画家和教育家的时候，他的心态立即变得平和而冲淡。应该说，在杭州艺专的十年，是林风眠一生中最优裕也最安逸的一段时间。

在这十年间，林风眠的艺术创作也收获颇丰。他开始亲手尝试"调和中西"的艺术设想，油画中融进中国元素，水墨中掺入西画构成。他还画出一批直接反映民间疾苦的大幅作品，如《人道》、《民

百年巨匠
林风眠
Century
Masters
Lin
Fengmian

间》、《痛苦》、《斗争》等，引起了社会上强烈的反响，也招致了一些非议和不满。

在此期间，中国画坛上还发生了几次激烈的艺术观念论战，其中尤以徐悲鸿与刘海粟的激辩最为轰动，一方站在西方古典主义的立场，猛烈抨击西方现代艺术；另一方则祭起西方现代派的大旗，与其展开对攻。而作为中间路线的代表，林风眠的"调和论"自然也无法超然事外，时常被牵扯到论战的漩涡中，一会儿成为某一方攻击的靶子，一会儿又被某一方引为同盟。在纷乱的喧嚣中，林风眠备受困扰。他已经不再像十年前那样喜欢争先弄潮，也消解了争当领袖的锐气和雄心，他只想退回画室，在画布和宣纸上去"调和中西"。

然而，1937 年日本侵华战争的全面爆发，把林风眠潜心艺术的梦想击碎了。1938 年，教育当局下令，将杭州艺专与同样南下避难的北平艺专合并，成立抗战时期的国立艺专。这两所学校林风眠都担任过校长，然而，今非昔比，物是人非，多年来的矛盾纠结在一起，使两校合并成为一个摩擦与碰撞的爆发点。在经历了两次"倒林"风波之后，林风眠再也无法忍受这些烦人纠缠，他递交了辞呈，怅然地离开了国立艺专。

如果说，十年前从北京艺专辞职，林风眠雄心犹在，时刻准备东山再起的话，那么，此次从国立艺专辞职，他已经心灰意冷，"艺术救国"的理想完全破灭了，当年的激情也只剩下一丝余温，那就是"以身试法"去追逐一个"调和中西"的绘画之梦 —— 这成了林风眠内心仅存的艺术理想 —— 为了实现这个艺术宏愿，他不惜单枪匹马、孤军奋战，以一己之力去改写中国绘画史。

然而，时间会给出最好的答案，杭州艺专的中西之争，在经历了几十年的风雨洗刷之后，终于可见分晓。在林风眠"调和中西"理念培养下脱颖而出的一批艺术家，已经成为国际艺术界公认的艺术大师。包括吴冠中、赵无极、朱德群、熊秉明等。

1942 年，吴冠中从国立艺专毕业后，任教于重庆大学建筑系。1946 年他以第一名的成绩，考取了教育部公费留学（仅有两个绘画名额）。1947 年夏来到巴黎，进入巴黎国立高等美术学院，选择杜拜教授工作室学习绘画。

学成回国的吴冠中，立志弘扬民族画业。在向西方借鉴的过程中，他继承了林风眠的方向，又迈入了更现代的一步。巴黎塞努西博物馆馆长玛丽·戴莱士·波波在评价其与法国文化的密切关系时曾说，吴冠中能在油彩和墨彩之乡不断交织游移，甚而"成功地融会了东西方两种文化"，实是一种"罕见的情况"。

1921 年出生于北京的赵无极，是林风眠的得意门生。他 14 岁入杭州艺专学习，毕业后留校任教。1948 年赴法学习，第二年就在法国画坛崭露头角。赵无极说，"我一开始就是学西画，到法国后更是生活在这样的艺术环境中"。"塞尚在风景画的不拘形似，色彩自由变调的风格，对我也有相当大的影响"。

赵无极的作品借助西方现代绘画形式和技巧，表现中国传统哲学以博大而抽象的精神看待宇宙自然的内涵，走出了一条独特的艺术道路，成为当代世界著名的抒情抽象主义大师。2002 年 12 月，赵无极当选为法兰西学院艺术院终生院士。

1920 年出生的朱德群，在杭州艺专时比赵无极低一班，比吴冠中高一班。1951 年他已是台湾师范大学艺术系教授。1955 年他赴法习画创作，深受俄裔法国画家、抽象表现主义画家的领军人物尼古拉斯·德·斯塔埃尔的影响，最终在西方以抽象表现主义画风获得成功。除绘画外，朱德群在书法、陶瓷艺术上也有所涉猎。他于 1997

年被荣选为法兰西学院艺术院士，是该院成立 200 多年来第一位华裔艺术院士。

　　同样毕业于杭州艺专的熊秉明 1947 年考取公费留学，进入法国索邦大学哲学系。因受了罗丹的影响，翌年进入法国著名雕塑家纪蒙的工作室学习雕塑，从此与罗丹开始了半个世纪的"对话"。他集哲学、文学、绘画、雕塑、书法之修养于一身，享誉法国艺术界。他去世时，"巴黎都暗淡了"。

方纸布阵

离任艺专校长，对于林风眠来说，不是一场灾难，而是一场新生。

林风眠开始对传统中国画进行革命，新中国画由此渐渐进入国人视野。

林风眠的新中国画仍然使用宣纸，毛笔、线条，这些中国画最重要的工具，标志着画家的文化执着；而色彩、造型、构成，却是显而易见的西方范式。林风眠在寻找一种新的绘画语言，寻找自古未有的表现形式，来改造传统的中国画，创造一种新的中国画。

从形式上，林风眠的画大胆地突破传统中国画均为竖轴的样式，而改成方形构图，艺术史上称之为"方纸布阵"：不再留白，一举颠覆了中国传统美学里"计白当黑"的铁律；线条不再成为"笔墨"的载体，而纯化为造型的工具，这就从本质上动摇了线条在国画中的美学地位。林风眠在90岁时曾有一段独特的"论线条"的谈话："线条有点像唐代铁线描、游丝描，一条线下来，比较流利地，有点像西洋画稿子、速写，我是用毛笔来画的。"

也就是说，虽然与传统中国画相比，林风眠的画已经画风大变，不类古人，但本质上，却仍然是中国画。只不过不再是传统中国画，而成了具有西方现代色彩、同时不弃传统中国画工具的"新中国画"。

林风眠由西方古典主义入门，转而醉心于印象派、野兽派乃至立体派等西方现代艺术思潮。林风眠看到这些西方现代派艺术，或多或少都从东方艺术中汲取过营养，因而他觉得现代派似乎更容易切入中

《春柳村》约 20 世纪 50 年代

国绘画。

林风眠的留学时间大多消磨在东方博物馆的陶瓷作品上，这也成为他改造中国画的民间底蕴。在林风眠的作品中，黑色往往被当作一种色彩来运用，而不再被当作"墨分五色"的技法之一来看待。这样一来，他的作品从外观上看确实不像传统中国画而更像西方画。但是，如果透过形式去分析一下作品的精神内涵，那种凝聚在尺幅中间的悲剧情怀，那种不必凭借题诗和书法就自然而然扑面而来的浓郁诗意，却使画面上的文化意蕴得到了升华，使之更为契合中国画作为"心画"和"诗画"的特性。

林风眠耗尽半生心血和才智创造出来的"风眠体"绘画，从面世之日就饱受争议，林风眠也曾一度为自己的绘画算不算中国画而苦恼。但是，他从来没有动摇自己的艺术信念，也没有停止自己的艺术探索。

中国美术学院院长许江说，对于 20 世纪来说，林风眠的艺术是一个天翻地覆的民族曲折命运的写照，这是他的艺术真正了不起的地方。他的艺术是一个巨大的天地，一边是带有中国传统清新隽永的作品，如静物、仕女，像清丽的小诗。另一方面，是古刹秋暮，芦苇孤鹜悲情的画面，所以他的绘画表现了很广阔的中华民族的感情。20 世纪很少有人能像他一样同时促进两种不同的心灵境界，一边是清丽的小诗，一边是悲情的呼喊。也很少有人像他一样遭遇这么多苦难，却仍然以清醒者的眼光看待这个世界，把所有感受到看到的嚼碎后又温润地吐出来，所以他的艺术中又透露着时代和个人的悲情，也有中华民族面对苦难背负理想的隽远的诗意。

许江认为，重新关注林风眠对这个时代有很大的意义，我们能从林风眠独特的个案身上，看到当时的知识分子艺术家的忠诚和激情，也能从他和时代的关系中去领会艺术家的责任，重新捡回那些被忽视的价值。

林风眠和徐悲鸿都认为中国艺术必须改革，必须从西方借取一些东西，来改变中国的艺术，改变人们对艺术的看法，改变中国人的民心。这是他们那代人的伟大之处。但是他们给出的药方不同。徐悲鸿认为，中国艺术之所以在那个时代式微，就是因为和生活、现实疏远，所以他提倡现实主义精神，他从西方引来现实主义的内涵充实中国艺术。徐悲鸿的做法是很有远见的，也起到了很大的改造中国艺术的作用，尤其到了1949年后，他和政府主张的革命现实主义一道，形成了社会主流，一再受到重视。

而林风眠也认为，要引进西方优秀的东西改变中国，但他不认为应简单引进西方写实主义，而应引进西方现代主义的精神，西方自由创作的主张，这些在很多岁月中都受到误解，被视为洪

《春色》约 20 世纪 50 年代

百年巨匠
林风眠
Century
Masters
Lin
Fengmian

《风景》约 20 世纪 50 年代

水猛兽。1949 年后，因被视为新派画不受到重视，他凄然离开学校。林风眠认为我们不应简单模仿老祖宗，也不应简单模仿自然，而应将两者嚼碎后变成自己的东西，吸取有益的东西，进行自由创造。他强调独立的意志、自由的精神，到了今天我们越来越意识到它对艺术发展的意义，对于引进西方、振兴中国文化的独特意义。所以我们今天重新讨论林风眠的时候尤其要关注他这一系列的主张，真正重新去理解他的思想的内核对我们的民族艺术振兴有新的认识。

林风眠的许多作品笼罩着一层孤独寂寞的薄雾。林风眠一再重复这寂寞的意境，或者并非有意，只是喜欢而已。但正是在无意中的情感流露，才发自灵府。真诚的画家选择某种形式和结构，创造某种境界，总是与他的某种情感倾向和意识层面相对应的，诚如心理学家所说的"异质同构"。

林风眠早期的水墨画还有灵动飘逸的特色，后来渐渐转向沉静与孤寂，即便那些热烈浓艳的秋色或和煦明媚的春光，也带有此种特色。当然，林画的孤独感并不是空虚感，也不同于佛家说的空茫境界，更没有现代西方画家如契里柯、达利作品中那种荒诞式空漠；换言之，它只是一种寂寞，一种独自欣赏世界的自足的寂寞。

林风眠作品中的寂寞孤独感是诗意的、美的。这诗意既来自艺术家对自然对象（亦即移情对象）的亲切和谐关系，也来自对个人情绪的一种审美观照。而这，又深植于他的气质性格、文化素养和人生际遇。

林风眠与徐悲鸿最大的不同，在于林风眠坚持艺术的独立性，独立于政治之外，独立于团体之外，独立于派别之外，保持艺术的纯粹和自由。

郎绍君先生指出，当他在倡导艺术运动、推行美育的过程中碰到政治这块巨大魔方的压迫和捉弄后，他献身于艺术的意志更单纯专一了。而他对艺术的观念，向来不特看重题材，而看重情绪和审美自身。在这点上，康德美学的影响（直接和间接通过蔡元培的美学思想）是明显的。他努力追求能够超越具体的社会功利和有着普遍性与永恒性的审美价值，因此包括他早期的油画创作，也不是为宣传和配合某种社会政治任务而作的。

郎绍君说，林风眠的执着纯朴的艺术求索不免孤独，他在各时期总被人觉得"不合时宜"。细心的观者可以发现，林风眠艺术的疏远政治主要还不是出于某种政治如何，乃出于他对艺术本质和功能的看法，以及对艺术创造本身的痴情。他为此曾被批判为"形式主义"、"情调不健康"，乃至遭受政治上和肉体上的迫害。

郎绍君在文章中深刻地洞察了林风眠的独特性：林风眠不是以描绘和表现 20 世纪中国社会革命和相应的革命意识的艺术家，而是以描绘和表现充满个性色彩的 20 世纪中国人社会心理和生命情感的艺术家。通过他创造的艺术世界，我们感受到真诚、善良、美和力量，看到一个本分、执着、坚强、纯真的灵魂。还可以体验到一个 20 世纪中国知识分子的明了的心灵历程。

第七章

道：源与流

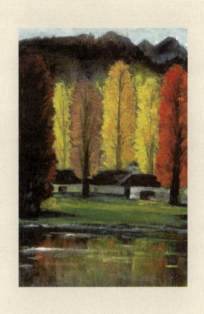

画风之变，自古至今，绵延不绝，有了一连串的风格变化，才有了丰富灿烂的中国画史。

在「变」中承继，同时在「变」中创新，中国画于尺幅之间，容大千世界，言各代风情，成为魅力独具的东方艺术之一。

境由心生

百年巨匠
Century
Masters
林风眠
Lin
Fengmian

20 世纪初，中国画迎来了新一轮变革。

新成立的中华民国尚没有来得及要求从文化上对国家政治思想予以视觉表现，但思想界及艺术界已经自觉地开始了对清帝国遗留下来的艺术遗产进行清理，力图借鉴改朝易代的创伤经验，确立新的国家文化价值。

对旧制度、旧文化的清算在文化艺术界和思想界开始发端。

与中国此前历朝历代伴随朝代更替而进行的文化沿袭与颠覆不同，清亡民兴之交，传统中国文化已经不是唯一可资借鉴的样板，随着政治与军事的现代化，文化艺术的现代化也成了不可逆转的潮流。

当现代化从西方浩荡而来，唐、宋文化经验不再像以往那样，可以成为新的文化汲取营养并藉此创新的宝库，放眼世界，吸纳西方现代艺术的精华，改造本土艺术，从而形成新的先进文化，成为这场革命的主流。

从政治层面来说，抱残守缺已经不但是趣味上的守旧，更是思想上的反动。"绝无仅有的老艺术家们，仍在抱着祖先们的尸体，好像正在欣赏着腐烂的臭味，不惜自禁在冷冰冰的墓洞中，拒绝一切曙光与新味"（林风眠语）。

从艺术层面来说，绘画的艺术语境对当代的可能性来说太狭隘、太局促，而由艺术史主导的有关当代绘画的接受反应在绘画观念上相

《荷塘》约20世纪50年代

对陈旧，对当代艺术的多样性的实践造成了严重的遮蔽。

因此，一场彻底改变传统中国画趣味与审美的文化革命洪流，在封建王朝阴郁气味尚未散尽的中国大地上，摧枯拉朽地肆意扫荡。

国画作为旧文化的主要载体之一，革其命而造新，也很快成为思想界和艺术界革命派的共识。

在艺术界的革命党看来，国画的身上散发出浓郁的旧朝代的腐臭气，其艺术的主观性、随机性、弱化造型的写实性等痼疾，已经不可容忍。

在政治界的革命党看来，则国画依附于权贵上层社会，在抄袭模仿和毫无生气、自我郁闭的文化表达中，国画已经在某种程度上代表着清朝和中国旧文化的衰亡，是旧文化的鲜明象征。

某种意义上来说，1912 年，中华民国的建立，是新中国画的变革元年。新国家的建立,必然跟随新文化的诞生。依附于旧制度下的旧中国画,迎来了艺术家们的猝然一击。

也是在 1912 年,政治家和思想家们在凄风冷雨中审视着画坛变化,一些先行者勇敢地把现代艺术的一些关键元素引入中国,石子虽小,但却波澜渐扩,终至汇成滔天巨浪,把传统文化的保守面貌淹没。

1912 年,后来成为著名僧人的李叔同,从日本归来后执教于浙江两级师范学堂,带领学生们去户外写生,"为现代类型的艺术教育奠定了基础"。

也是这一年,周湘的学生刘海粟像一只不谙世事的小鸭子,勇敢地在寒冬试水,去迎接世俗风雨的袭击。

刘海粟与同学张聿光等在上海创立中国第一所现代美术学校"上海图画美术院"(后改名上海美术专科学校)。

1914 年,刘海粟在自己的课堂开设了人体写生课。这个革命性的创举,不但比陈独秀提出写实主义为国画革命的终极方向早了四年,而且,把人体写生率先引入美术教育,矗立起了此后新中国画与旧中国画的标志性区别。

但是,由于刘海粟年轻资浅,自身的艺术造诣有限,在艺术界影响不大,加之传统文化的力量过于强大,人们对于新事物的接受普遍缺乏忍耐,所以,刘海粟对于传统中国画的革命,在当时成为"丑闻"。

1917 年,上海美专举办成绩展览会,陈列人体习作,有人看后谩骂:"刘海粟是艺术叛徒,教育界之蟊贼!"守旧的舆论界顿时群起而攻,更有人以"文妖"斥之,刘海粟不为所动,竟以"艺术叛徒"自号自励。

据郎绍君先生的研究,与刘海粟先后进行艺术革新的,还有一些先行者。比如,1911 年,周湘在上海创办布景画传习所;1915 年,乌始光、陈抱一等在上海创办以"促进西画运动"为宗旨的"东方画会";1916年,李叔同在杭州组织并主持"洋画研究会"。

但如上这些创新者,论其社会影响,均无法与刘海粟相比。

1918年刘海粟起草《野外写生团规则》,亲自带领学生到杭州西湖写生,打破了过去学校关门画画的传统教学规范。

新中国画,以写生入手,无论是景物写生、人物写生还是静物写生,目的是培养学生的观察能力和对现实生活的洞察力;不似旧中国画,以模仿画稿为主,不事创造,与现实绝缘,没有烟火气。"绘画上的基本练习,应以自然现象为基础,然后再谈'写意不写形'的问题"(林风眠语)。

新中国画由此奠基。

年轻的刘海粟在上海滩试水中国美术创新,而事关美术思想上的大风暴,也已经在酝酿之中,一场席卷中国的美术革命,即将横扫华夏大地。

首先是君主立宪派(政治上的温和改良派)的扛旗人物康有为公开发难国画,藉此开始对传统中国文化的革命性反思。

1917年,康有为在著名的《万木草堂藏画国序》中,首开对国画的政治性评价,旗帜鲜明地提出"中国近世之画衰败极也"的论调。康有为说:"中国画至国朝衰败极也,岂止衰弊,至今郡邑无闻画人者。其余二三名宿摹写四王,二石(石涛、石溪)之糟粕,枯笔数笔,味同嚼蜡。"

康有为在大赞欧洲美日的同时,指斥当时推崇的名画家不过是画坛小儿,成就远逊古人。"概以四王二石稍存元人一笔,亦非唐宋正宗。比之宋人,亦同鄙下。唯恽蒋(恽南田、蒋廷锡)二男,略有古人意,其余则为一丘之貉无可取处"。

百年巨匠
林风眠
Century
Masters
Lin
Fengmian

评价先人，康有为毫不客气，"遍览百国作画皆同，故今欧美之画与六朝唐宋之法同。惟中国近世以禅入画，自王维作《雪里芭蕉》始，后人误尊之。苏、米拨弃形似倡为士气。元明大致界画为匠笔而斥之。夫士大夫作画安能专精体物，势必自写逸气以鸣高，故只写山川或画花竹。率皆简率荒略，而以气韵自矜。此为别派则可，若专精体物，非匠人毕生专诣为之，必不能精。中国画既摈画匠，此中国近世画所以衰败也"。

同时，康有为对国画的未来大唱哀歌："如仍守旧不变，则中国画学因遂灭绝之。而合中西而为画学新纪元者岂在今乎？吾嗣望之。"

康有为在"百日维新"中，曾为帝王师，指导光绪皇帝变法图强。虽然维新失败，但康在国内政治界和文化界的影响，仍然举足轻重。同时，康有为作为卓有影响的书法家，对国画也有一定的了解，因此，高论一出，震动了中国书画界。

在国画变革方面，同时起到重要启蒙作用的，是当时的革命领袖、后来的共产党创立者之一陈独秀。

1915年9月15日，重要的革命思想启蒙读物《新青年》创刊。

思想激进的陈独秀决意对中国进行全盘革命，在发刊词上即把"社会主义"当成文明标尺。创刊数年，《新青年》对中国传统文化发动了一系列革命改造，中医、国画等都排在陈独秀的革命日程表中，一直引而不发，是在寻找合适的爆发机会。

1917年，《新青年》发表胡适的《文学改良刍议》。文章文如其名，虽多有新见，但对于传统文学的核心，并无大的触动，只是一个温和的改良建议。

1917年2月，陈独秀在《新青年》发表更具火药味的《文学革命论》，明确提出"三大主义"作为新文学的征战目标。推倒雕琢的、阿谀的贵族文学，建设平易的、抒情的平民文学；推倒陈腐的、铺张的古典文学，建设新鲜的、立诚的写实文学；推倒迂晦的、艰涩的山林文学，建设明了的、通俗的社会文学。从内容到形式对封建旧文学持批判否定态度，主张以革新文学作为革新政治、改造社会之途。

两篇文章问世之后，中国文化革命随即如火如荼地展开。

或许是受此文章启发，1917年底，年仅21岁的吕澂致信陈独秀，明确提出"美术革命"这样的激进名词，引起陈独秀的高度重视。吕澂在信中说："文学与美术，皆所以发表思想与感情，为其根本主义者惟一，势自不容偏有荣枯也。我国今日文艺之待改革，有似当年之意。而美术之衰弊，则更有甚焉者。"

对于当时国画之颓靡的批评，吕澂大声疾呼："我国美术之弊，盖莫甚于今日，诚不可不亟加革命也。革命之道何由始？曰：阐明美术之范围与实质，使恒人晓然美术所以为美术者何在，其一事也。阐明有唐以来绘画雕塑建筑之源流理法（自唐世佛教大盛而后，我国雕塑与建筑之改革，也颇可观，惜无人研究之耳）。使恒人知我国固有之美术如何，此又一事也。阐明欧美美术之变迁，与夫现在各新派之真相，使恒人知美术界大势之所趋向，此又一事也。即以美术真谛之学说，印证东西新旧各种美术，得其真正之是非，而使有志美术者，各能求其归宿而发明光大之，此又一事也。使此数事尽明，则社会知美术正途所在，视听一新，嗜好渐变，而后陋俗之徒不足辞，美育之效不难期矣。"

如获至宝的陈独秀马上在《新青年》1919年第6卷第1号上发表《美术革命——答吕澂》一文。

文章中，陈独秀表达了这样的观点："若想把中国画改良，首先要革王（四王）画的命。因为要改良中国画断不能不采用洋画的写实精神。中国画在南北宋及元初时代，那临摹、刻画人物、画禽兽楼台花木的功夫还有点和写实主义相近，自从学士派和文人专重写意，不尚肖物这种风气初倡于元末的倪云林和黄公望，再倡于明代的文徵明和沈周。到了清朝的四王更加变本加厉，人家说王石谷的画是中国画集大成者，我说王石谷的画是倪黄文沈一派中国恶画的总结束。"

至于解决方式，陈独秀认为："对于画学正宗倪云林、黄公望、文徵明、沈周、四王及南宗系列的画家，像这样的社会上盲目崇拜的偶像若不打倒，实在是输入写实主义，改良中国画的最大障碍。"

在这篇文章中，陈独秀第一次明确提出国画革命的方向 —— 写实主义。

与康有为熟谙书法而不擅长国画不同，陈独秀幼得家传，对国画尤其是"四王"之画了解尤深，所以，所陈之弊，更为详实；所述之病，更为精准；所蕴之情，更为热切；所指之路，更为可行。

在康有为发表《万木草堂藏画国序》两年前的1916年，康有为偶识青年才俊徐悲鸿，不但接纳其入门墙，而且常把珍藏的中外名画给徐悲鸿观赏、借鉴，并鼓励徐到日本去考察域外新画风和新画派。

1917年11月，徐悲鸿返回上海。12月，徐悲鸿持康有为私札赴京。1918年3月徐悲鸿被蔡元培聘为北大画法研究会的导师。

1918年5月14日，徐悲鸿在北大画法研究会讲演《中国画改良之方法》，此文于1918年5月23～25日在《北京大学日刊》上连载；1920年6月，北京大学的《绘学杂志》转载此文，改题为《中国画改良论》。

徐悲鸿，画坛新锐也。时中国一切改革皆以东洋为鉴，以日本为师，因此，徐悲鸿之文章，重新呼应了康有为，再次在中国文化界及画坛搅起巨浪。

文章中，徐悲鸿对国画的现状痛心疾首，并深刻反思称："中国画学颓败至今已极也，凡世界文明已无退惑。读中国画在今日比二十年前退五十步，比三百年前退五百步，比一千年前退八百步，民族之不振可叹也夫。"

徐悲鸿在文章里的表述，含义复杂。

从学术层面来看，清末"四王"之文人画流毒甚广，因循守旧，画坛弥漫一股因袭陈腐之风。千人一面，万画一宗。因此，有识之士皆痛批之以图改良。

从政治层面，清朝之弱，唤起士人学子对强唐之向往，因此，文化向唐看齐，以唐为美，也成为强大弱清、铲除积弊的某种幻想。所以，徐悲鸿指出国画"比一千年前退八百步"，也表达了徐内心对现实不满、冀望国家强盛的政治意图。

从艺术史的角度来看，唐代乃佛教艺术初始传入之时，则西方艺术元素强势植入中国，造成中国艺术的大发展和大繁荣。则唐画之盛，实因西方艺术的传入与吸纳，因此，以唐为鉴，就必须重新向西方学习。

心恨大清之无能，而艺术家却束手无以拯救，因此，迁怒累之画坛不振者，徐悲鸿在文章中大骂时人推崇的董其昌诸人，称"董其昌、陈继儒才艺平平，吾尤恨董其昌断送中国画二百年历史，罪大恶极"。

"一种以造型艺术为名的艺术，既已略去了造型，那是什么东西呢"（林风眠语）与康有为《万木草堂藏画国序》中所述观点一脉相承的是，徐悲鸿亦认为欲救目前之弊，"必采用欧洲之写实主义。尤其强调要以素描为基础"。

1918 年 10 月 22 日，北京大学校长蔡元培出面力挺徐悲鸿。向

《睡莲》约 20 世纪 50 年代

持"美育代宗教"思想的蔡元培，曾游学欧洲，对西洋美术有自己的独到认识，在北大画法研究会上，蔡元培以自己的视角，表达了对西洋画的看法：

> 中国绘画始自临模（摹），外国绘画始自实写。……西人之重视自然科学如此，故美术亦从描写实物入手。今世为东西文化融合时代。西洋之所长，吾国自当采用。……又昔人学画，非文人名士任意图写，即工匠技师刻画模仿。今吾辈学画，当用研究科学的方法贯注之。除去名士派毫不经心之习，革除工匠派据守成见之讯，用科学方法以入美术。

很显然，蔡元培是从科学的角度来看待国画改良和革命，显得更理性。蔡元培的观点，也反映了当时大部分有识之士科学救国的理念，而挽国画之颓，振国画之法，也只有依赖科学。

虽然观察点和出发点不同，但康有为、蔡元培、徐悲鸿、陈独秀齐齐发力攻击国画弊败，力图在文化领域出现新气象的拳拳之心，基本相同。

康有为、徐悲鸿、蔡元培、陈独秀之呼，令画坛尚摹旧仿稿之风，稍有改观，一批青年学子，开始了对东洋画及西洋艺术的关注。某种意义上来说，康有为、徐悲鸿、蔡元培、陈独秀之文章，对国画领域进行了一场意义深远的现代艺术启蒙。

陈坚盈先生认为这场"美术革命"，可以说就是中国画革命。他指出，"由于它既是在西方文化介入近现代中国文化变革，西方艺术成为现代中国艺术的主要参照系的情境之下发生的，又是中国画自身规律之下新因素的表现与晚清美术渐变的延续，因此它对其后的中国画变化起到了重要作用，也对中国美术的创作和画坛格局产生了深远的影响"。

艺术夸父

百年巨匠
林风眠
Lin
Fengmian
Century
Masters

从刘海粟首倡写生、康有为变革吁喊开始，百年间，新中国画不断创新、不断发展。

虽然刘海粟及其同伴们当时没有在艺术上形成自己的风格，更没有在艺术界产生广泛的影响，但却在艺术创作风气上，影响了年轻一代的选择。

同时，康有为等人的革命启蒙，也为后来的中国艺术现代化注入了必要的思想元素，这些，都为中国画蜕变为新中国画，奠定了坚实基础。

林风眠和他的同时代艺术家们，坚持作品区别于庞大的社会习俗与认知模式，从而形成一股陌生的文化力量。他们以依归于现代艺术潮流、具有独创性而自足，拒绝在共同认知的传统中国画基础上通过艺术符号与当代观众进行沟通。

而这些精神上来源于西方现代艺术、内核却仍然是中国艺术的"新艺术"，给传统中国画观者创造了视觉上的不安全感。在"绘画智慧"这个层面，做到了绘画符号和绘画智慧之间的意味深长的关联。

对于传统中国画观者来说，林风眠们的艺术几乎完全陌生，彼时，画家与观者已经缺乏共同的认知基础，彼此间产生了遥远的审美距离。

林风眠们要通过现代性，与传统中国画决裂，同时与传统观者进行审美对抗。

与林风眠属于同一时代的大家包括高剑父、高奇峰、陈树人等。

之所以由林风眠而不是刘海粟作为这一时期的代表人物，其一因为林风眠曾任北京艺专和杭州艺专校长，在中国艺术界广种桃李，为中国培

《戏曲人物》20 世纪 60 年代

养了大量艺术人才，在艺术界的影响力远胜于刘海粟；其二因他是个集"东西方和谐和精神融合的理想"的画家，"风眠体"的创立，使林风眠成为世界艺术之苑中的重要一员；其三，最重要的一个标尺，是林风眠有明确的艺术主张，在中国画里加入了印象主义和表现主义的成分，使中国画在吸收了西洋画的营养之后，得以重生和再造；其四，林风眠开创了百家争鸣、艺术多元的时代。他自身主张国画向西方艺术吸收养分，但却积极扶植本土成长的艺术家，是一个优秀的艺术教育家。

在林风眠之后，中国的艺术呈现了别样风貌。

这一时期的代表人物为徐悲鸿，与徐悲鸿属于同一时代的大家包括蒋兆和、傅抱石等。

徐悲鸿在美术革命方面的发声，同样早于林风眠。但是徐悲鸿的影响，主要在 1949 年后。

布歇尔在《中国美术史》中说，"唐代画师蔚起，焕然称盛；宋

百年巨匠

Century
Masters

林风眠
Lin
Fengmian

《戏曲人物》20 世纪 60 年代

代继之，画体渐趋于纤巧、绵密；及至明代，画工尤众，《佩斋画谱》中所列者，多至千二百人，大抵皆远绍古法，刻意摹仿，缺乏创造之才，故明末遂呈衰败之相……"

中国传统画家受儒家文化影响，尚古摹旧，以师为重，不事突破，故陈陈相因，素无创新。

对艺术家而言，绘画的技巧实根植于图像，即创造视觉上可信的世界。但无论新中国画还是旧中国画，在材料和工具方面，千百年来都没有根本性的改变。林风眠在论及解除中国画风险的三个方法时

《戏曲人物》20 世纪 60 年代

曾说，"绘画材料的改新与发展"是其中一个方法。

没有材料的"改新"，则视觉上的"可信"于中国画而言，无论新与旧，都会勉为其难。

林风眠作为开拓者和先行者，足迹坚深，影响远大，一直到今天，都像已经远去的夸父，虽然生命已逝，但化成山峦与大地，给我们力量与希望。

脉络之思

由林风眠们开启的"新中国画"之路，指引着若干画家们回到传统的纸墨，但却跳出了传统的构图与审美。

因此，我们必须沿着林风眠们的思维，根据不同的维度和向度建立不同的新中国画坐标系。

美国艺术史研究学者乔迅（Jonathan Hay）所言，"脉络才是一切"，对于当代艺术家来说，如何为他们建构一座合适的艺术史坐标，并把他们恰当地置入其中，是一个有意义的话题。

如果以林风眠的现代性为标志，则徐悲鸿恐难与其在同一坐标系中出现；同样，若以现实主义为圭臬，则林风眠必须被这一坐标系排除在外；如果像传统社会那样，必须用体现国家文化意志的山水画为"新中国画"树立艺术标杆，那么，傅抱石、关山月、李可染都一定位列其中。

通常来说，中国的多数艺术评论家们更愿意把时间花费在对艺术家的技法与风格

《秋景》1960 年

传承的研究上，比如构图、皴法、线条、设色，在他们看来，倘不如此，则对传统中国画家的评论，就显得难以下笔。

这些评论家沿袭的是一条"笔墨的脉络"，尽管其仍有意义，但在当下来看，则显得远远不够。

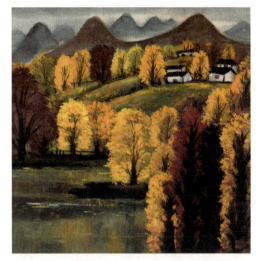

《秋》约 20 世纪 70 年代

事实上，艺术家们的笔墨或者笔触，包括色彩和构图，都不具有绝对难以复制的个人界限。数量众多的古代画家包括齐白石等近代画家的大量画作，均无法透过此一方法识别。在传统中国画领域，无论何种风格的艺术品，都易被大量仿制，表明技法层面的模仿和拟真，其实并无难以逾越的障碍。

因此，我们不得不深入洞察艺术家及其作品如何与社会进程产生交集，并试图对其过程进行记录和分析。

近代中国是几千年来中国价值崩坏最为巨大的时期，设若艺术家不只是依靠技艺同时仍会接受来自政治、思想、经济及社会环境的变化所引致的影响，那么，传统文化价值在艺术领域的崩解与重建，就成为一个不得不面对的问题。

简言之，清朝覆亡，不再像传统中国社会一样，只是进行简单的朝代更替，除了皇帝和统治阶层的更换，整个社会的变化并不大 —— 自汉以降，每一次的王朝兴替，从政治伦理、社会伦理到家庭伦理，

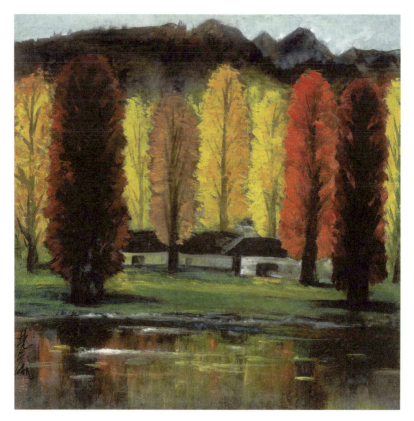

《秋林暮艳》 1960 年

都没有得到根本性的颠覆。

　　但近代中国的开启，产生了巨大的文化破坏力。因此，正如贡布里希所言，若不把艺术家们置于他们所处的时代，不去关注他们的经历与心境，关注他们在变革年代如何追求自我性灵的抒发，同时塑造与众不同的创作风格，创造呼应时代同时表达心灵的艺术品，就不太可能真正了解他们以及他们的艺术，更不可能了解他们所走过的时代。因此，需要远离公众习惯的图式体系分析，不再受制于公众的心理定向，试图建立一套具有艺术史意义的分析系统，去分析艺术家个体思想体系和艺术系统究竟如何建立，探究他们在笔者所设置的艺术史坐标系中，位置何在。

林风眠要通过现代性与传统中国画决裂，在中国画里加入了印象主义和表现主义的成分，使中国画在吸收了西洋画的营养之后，得以重生和再造；徐悲鸿力倡的写实主义，成为国家文化意图附着的最好形式，并以现实主义理论定格国家画风，对中国其后几十年的艺术教育及艺术活动影响甚深；他的学生吴冠中则在新中国画中引入西方现代主义元素，让形式美成为单独的美学标准，不再依附于政治原则和立场，通过画家个人的美学表现和绘画技巧，恢复和重建画家与其他社会民众之间日益衰微的区别。

《枫林》1953年

百年来，新中国画薪火相传，不绝如缕。更年轻的一代正在把新中国画推向更新的可能。

我们有理由相信，新中国画必将沿着与世

《山村秋色》20世纪60年代

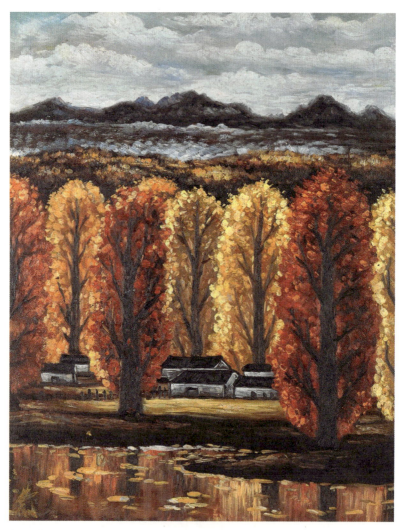

《风景》20 世纪 60 年代

界艺术相互学习、相互借鉴、相互融合的路子，最终与世界艺术相携而行，共同创造人类艺术史上的新巅峰。

中国画不会在融合中消失，只会在不断融合中更有生命力！

第八章 ｜ 变：泰与否

在林风眠的字典里，艺术至上一直是他的毕生追求。

自从不再担任杭州艺专的校长之后，林风眠就走上了一条孤独的创作之路。坚持自我，坚持抽象，坚持变形，一直是他的创作观。

酷爱"杂菜"

百年巨匠
Century
Masters
林风眠
Lin
Fengmian

1937 年，日军威逼杭州，林风眠与全校师生辗转内迁，油画颜料不易寻找，在纸上画中国画，就成了林风眠与艺术新的邂逅方式。

吴冠中说，在物质条件困难的重庆，无法再作油画，便大量作水墨、墨彩，墨彩成了主要的、唯一的创作手段，于是将油画所能表达的情怀通通融入墨彩的内涵中去。许多现代西方画家早已不满足于油画的厚重感与坚实感，塞尚晚期就已用轻快笔调和稀薄的色层追求松动的效果，往往连布都没有涂满。马蒂斯、丢非、郁脱利罗……均力图摆脱沉重的、粘糊糊的油色与粗麻布的累赘，钟情于流畅的自由奔放的情趣，日本画、波斯画对他们显得是新颖的表现手法了。

林风眠自己谦逊地说：我是炒杂菜的。

"炒杂菜"的林风眠由于形势所迫，从一个名满天下的油画家，突然转身，开始了对中国画的痴爱，从一线一墨开始，进入了一个自我建设的新中国画世界。

他（林风眠）用线有时如舞绸、如裂帛、如急雨，有时又极尽缠绵。当然也有只偏爱屋漏痕的人们看不惯林风眠爽利的线条。舞蹈的美感须练，歌唱的美声须练，林风眠画中的形、线、结构之美也靠练。李可染说林先生画马，用几条线表现的马，有一天最多画了 90 幅。林风眠的墨彩荷负了超载分量，也因之催生了全新的表现面貌，无论从西方向

《摩登女郎》20 世纪 40 年代

东方看，从东方向西方看，都可看到独立存在的林风眠。风格之形成如大树参天，令人仰望，而其根却盘踞在广大人民的脚下。

在他的学生吴冠中眼里，林风眠的转变不只绘画材料的革新，影响他最深的，还是身份的变化，他从一个月薪几百元、人人景仰的艺专校长，变成了一个需要靠四处求人施舍来谋取生活费的城市流浪者。"从此跌入人民大众的底层，深深感受国破家亡的苦难。生活剧变，人生剧变，艺术开始质变。林风眠不再是国立艺术专科学校的校长，作为一个孤独寂寞的贫穷画家，他挥写残山剩水、逆水行舟、人民的挣扎、永远离不开背篓的劳动妇女……"

吴冠中在文章中描述说，"其时林风眠住在重庆南岸一家工厂仓库一角的小屋里，在公共食堂买饭，来了朋友自己加煮一小锅豆腐作为款待"。

风风雨雨近一个世纪，林风眠永远都在赶自己的路。

林风眠的彩墨画何时形成风格的？这一时期，傅雷亦曾有见证，"现在只剩下一个林风眠仍不断从事创作。因抗战时颜料不可得，改用宣纸与广告画颜色（现称为"粉彩画"），效果极像油画，粗看竟分不出，成绩反比抗战前的油画为胜。诗意浓郁，自称一家，也有另一种融合中西的风格。"

由于受到傅雷的鼓励，林风眠从此画这种"极像油画"的彩墨画。对此，郎绍君亦指出，抗战八年里，林风眠没有离开重庆，放弃了油画，专攻彩墨画。终日把自己关在土屋里，画嘉陵江的风景，画猫头鹰、丹顶鹤、竹子和花卉，画苗女、戏剧人物。他喜欢用方形纸，构图变化多端。

调和中西

　　年轻时的林风眠意气风发，一副斗士的样子，看不惯出于艺术观差异的争斗，他发表文章予以痛斥：

　　中国艺术界之最大的缺憾，便是所谓艺术家者，不事创作，而专事互相攻讦！诸如此类的艺术家们，他们这所以能够如此放刁，我们以为，最大原因是中国人民艺术常识异常缺乏，致使一般人对于艺术的认识，非常浅薄，因之这般狡狯之徒，便可冒艺术家之美名，行其勇于私斗的流氓手段之实！此种人的品格固无足深惜，可惜清白的艺术界，竟以此类狂奴所玷污了。

　　"狂奴"这类相当偏激的词汇，在他中年后，就从不说起了。但至少说明他曾经敢说敢言，对"伪艺术家们"毫不留情。

　　林风眠在艺术上是求变创新的，早在 1934 年他就撰文指出：在我国现代的艺坛上，目前仍在一种"乱动"的状态上活动，有

《裸女》20 世纪 80 年代

141

百年巨匠
林风眠
Century
Masters
Lin
Fengmian

人在竭力模仿着古人，有人则竭力临摹外人既成的作品，有人在弄没
有内容的技巧，也有人在竭力把握着时代！

"竭力把握着时代"一语，虽可见仁见智，但在林风眠的词典里，
"时代"的具体含义，大约只在艺术的现代主义走向。

1981年9月，林风眠的学生席德进逝世，他特意写作了《老老实
实做人诚诚恳恳画画》一文。林风眠写道，"他（席德进）沉醉在大
自然中，追求他美好的梦境，他用西方写实的技术表达了东方绘画的
传统精神。他是这一时代的人，在绘画上说出了这一时代的话"。

《裸女》20世纪80年代

可见，林风眠时
时处处不忘，"这一时
代"并不是继续照摹
照仿传统中国画的时
代，而是用"西方写
实的技术表达了东方
绘画的传统精神"的
时代。

《裸女》20 世纪 40 年代

但事实上，林风
眠在艺术上是不喜欢西方的写实主义的，在他看来，有了照相技术，
写实绘画的存在，就缺乏必要的合理性。

对于中国画的认识，林风眠早在 1936 年就提出过自己的观点：
"普通所谓'中国画'同'西洋画'者，在如是想法之下还不是全没
有区别的东西吗？从此，我不再人云亦云地区别'中国画'同'西洋
画'，我就称绘画艺术是绘画艺术；同时，我也竭力在一般人以为是
截然两种绘画之间，交互地使用彼此对手底方法。"

林风眠在蔡元培的支持下，提倡"调和中西"，说明他并不完全
排斥中国画，但要从传统中国画里汲取什么样的营养，确乎是他在所
意的。

中国美术学院院长许江说，我们今天如果回溯该院的学术脉络的
话，这个脉络具有很多根源性的精神，是源自于林风眠为代表的他们
的那个时代。他提出来的向西方艺术学习并引进中国，以此来激活、
再造中国艺术传统，进行中西融合进而创造中国当代艺术的这种思
路，今天我们回过头来看，他这个主张具有前瞻性、先见性和广阔的
视野。我们今天实际上在做的，恰恰还是他当年所提出的。所以从这

一点来说，他是走在了时代的前沿。但在当时，他是很孤独的。

林风眠孤独地行进着、呼喊着，把他对中西艺术优长的理解，变成一种自己的理论话语，向他的学生和中国的大众做着新艺术思想的普及：

中国画的学习偏重历史。西洋画是重自然的，但如果推到最初的中国画仍然是从自然中取到东西，一定要从自然里面来，一定要从生活中来。种花、爱花，才能画花，否则表现出来的花也是没有生命的花，死的花。杭州艺专的动物园就是为了动物写生服务的，有鸟、有羊、有白鹤，还有鹿。最初学画当然可能临标本，画死的。中国画和西洋画作风不同，出发点不同，我认为主要是从历史经验拿东西和向自然拿东西之不同。

当时的林风眠年轻尚轻，对于艺术史尤其中国画史缺乏必要的研究，这番话值得商榷。比如，文人画抛弃了感性经验，而上升到抽象，与林风眠崇尚的马蒂斯等人的现代艺术追求，本质上是相同的。但以林风眠当时的学养和艺术功底，很难看到这些。

自成流派

陈默先生认为，林风眠在艺术观念上的"变"，最早始于去德国的那次游学。

陈默说，"德意志民族的聪明智慧加严谨认真，使得他们在现代艺术的浪潮中，有着不同凡响的显赫作为。桥社、青骑士、表现主义、新表现主义，成为德国现代艺术的一座座炫目的里程碑。不仅在当时、后来乃至今天，他的影响力持久不散。这一年的游学生涯，对林风眠早年艺术风格的形成产生了至关重要的影响"。

在德国，林风眠如同见到了久违的挚友，全身心地去观察、感悟、接受他需要的一切。有别于在巴黎枯燥学习的压抑氛围，他享受了一年自由快乐的时间，并开始释放他的艺术创造能量。"可以说，这时的林风眠才活出了自信，活出了尊严。他陆续推出的《柏林咖啡》、《平静》、《唐又汉之决斗》等作品，都是这一时期的代表作。这些作品都具有典型的表现主义风格特征：鲜明的主题、强烈的笔触、沉郁的色彩，画面充满着年轻艺术家的诗情幻想和浪漫热情，达到了他一生中第一个创作高峰时期"。

林风眠的第二次"变"，是从社会地位的下降以及生活的困窘开始的。

离开艺专校长的职位，意味着就此告别了优渥的生活。而其后间或失业，则加剧了林风眠的困窘感。

这样的磨难，改变了林风眠的生活，也改变了他的艺术观。1944

《平静》（又名《渔村暴风雨之后》，油画） 1923 年

年，他对来访的友人说，"正是（重庆）那间破旧陋室，那张白木旧桌子，那些厨刀、砧板、油瓶、洗衣板，叫我真正变成'人'的。在北平、杭州当了十几年校长，住洋房，乘私人汽车，身上那一点'人气'几乎耗光了。人必须真正生活着，以体验中国几万万人的生活，身上才有真正的'人'味，作品才有真正的生命活力"。

他的学生吴冠中写道："只一次，在重庆中央图书馆，车水马龙，佳宾云集，正举办一位名画家的个展，我发现林老师独自一人在默默看画。我依恋地跟着他看画，想听他的意见，他始终未表示可否，不加褒贬，只是悄悄地看，很少人认出他来。我注意到他的袖口已破烂。"

失业，靠卖画为生，政治斗争，入狱，一步一步地把林风眠推向人生的最低谷。

这个瘦弱的老人，在狱中写下了这样的诗句：

> 我独无才作画师，灯残墨尺夜眠迟。
>
> 青山雾里花迷径，秋树红染水一池。
>
> 犹忆青丝魂已断，谁知白发共难期。
>
> 山村溪水应如旧，片片浮云处处诗。

在监狱中，他时时想起家乡，想起那个给他温暖记忆的小山村。夜深人静，回想自己的一生，也有对自己的怀疑，对妻子的怀念。

在另一首诗里，满是悲怆：

> 一夜西风，铁窗穿透。
>
> 沉沉梦里钟声，诉不尽人间冤苦。
>
> 铁锁银铐，幢幢鬼影，
>
> 瘦骨成堆，问苍天所为何来！
>
> 云淡天轻，明月日圆，
>
> 两地相思，共诉婵娟。
>
> 相见梦魂中，凄苦无言。
>
> 说不尽悲欢离合，恶浪同归。
>
> 吹不散深情似海，看天边明月
>
> 永照人间。

我们可以看到，想念亲人，想念妻子，期盼团圆，是他狱中的最大梦想。

苦难改变了林风眠，改变了他对自我的既往认知，改变了艺术在他生命里的排序。

正是在这种孤独和苦难中，林风眠认定了退缩到艺术中的路子。晚年的林风眠，艺术上突出了表现性即个人化的内在性、情感性，风格画法更趋于粗放、强悍、强烈，不和谐因素大大增加，在基本倾向上接近表现主义艺术,被称为"林风眠式表现主义"。

陈默认为,经过漫长岁月的努力实践,无数事实让林风眠逐渐看清了略带灰暗的现实,在这个有着浓郁封建遗风的国度里,他曾激动亢奋的"艺术救国、美育代宗教"的理想,在无情的现实面前灰飞烟灭。他开始明白,能做的最好的只能是自己的艺术,他要用毕生精力完成艺术宏愿。

到了晚年,林风眠的个人境遇再度改变,成为海内外知名的画家,作品也有很好的销路,这时,年轻时的自信又回到了他的身上。

他在接受媒体采访时说,"我觉得在艺文界一定要有流派的,你可以一个人一个流派去发展,绘画是很个人的东西,个人里面创造出来就是流派,我主张还是个人发展,如印象派是个很大的流派,它主要在发现光这一点,而所谓印象派画家所画出来的东西却不是千篇一律的,如梵高、高更等人都不同,因此它还是个人的,但它主要目的,就是把阳光画出来,这虽是一个流派的目的,但各人不同,故艺术创造东西的关键是个人"。

林风眠自认是孤寂的,但并不认为自己在绘画时,把自己的孤寂

百年巨匠
Century
Masters
林风眠
Lin
Fengmian

《修女》20 世纪 80 年代

《基督之死》 1988 年

《屈原》 1989 年

百年巨匠
Century
Masters
林风眠
Lin
Fengmian

映射在了画里 —— 他说，"假使我画出来，另外的人看了有这种感觉，那是可能的。其实画这种东西，是由于住在西湖，利用湖的那种景色，回家就画出来了，假使当时有那种孤寂感，也许是觉得江山易换，这种东西就直接流露出来了"。

林风眠到了晚年，风格发生了第三次变化。"受难"主题再度成为他创作的一个重要部分。

1988 年前后，林风眠多次以基督、修女为题作画。水墨着色，方形构图，作品的基调是黑色的，线描退居其次。

1989 年的《屈原》、《噩梦》、《痛苦》把黑色主题推呈现得十分鲜明。

《噩梦》和《痛苦》都是横幅，宽 1.5 米以上，在林风眠的水墨绘画中均为罕见的大幅。

这几件作品，是早年《人道》、《痛苦》、《悲哀》主题的重现。

有的评论家认为，画家晚年重新具有了年轻时的批判精神和战斗精神，孤寂的东西被抛却了，作品给人一种震撼力。

但林风眠个人否认这种变化，他在接受媒体采访时说，"事实上没什么不一样。那是一种感想、回忆，那段时间我常常做一些噩梦，所以画出来就是《噩梦》了，并非画风的转变。

但林风眠个人的否认，并不代表我们要放弃前面的看法 —— 有时，画风转变并不是艺术家有意为之的，而是通过渐进式的调整，让自己进入了一个新的未知世界，可能有时已经到达了，自己竟然并不知道。

另外，晚年林风眠被人有意隔绝，外界对他的活动所知甚少，因此，我们对他晚年的精神状况和追求，都所知不多。

他是否有皈依宗教的取向？是否基督画像只是早年的救母情节

转变成了对自我一生受难的认知和描绘？

　　另外，我们并不清楚他的收藏者都是哪些人，这些画是否应他部分宗教收藏者的要求而定制？

　　不管怎么说，我们对艺术家的作品，与他公开的艺术主张表述，

《噩梦》1989 年

《痛苦》1989 年

《南天门》 1989 年

要分开来看。

郎绍君先生说，到了晚年，在香港居住的时期，他画黄山、戏曲人物都变得十分凝重悲壮，还有很多鬼脸的形象出现。《噩梦》、《痛苦》以黑色为主调，追求一种象征，回到了人生的苦难的主题。可以说林风眠的艺术生涯是早年为人生而艺术，中年为艺术而艺术，晚年又回到了为人生而艺术的道路。尤其是他晚年未完成的《人生百像》画了屈原和渔父，屈原做天问状，好似林风眠自己。还画了基督受难的题材，也画了人生如戏，都是自己人生的经历的写照。

或许，《基督》之类画作确实是他的借写之作，到了晚年，回想一生，真的是命运多舛，受难的基督正好可以表达他的人生休验：不断地在受难中升华自己，并对这种升华进行肯定。

依风长眠

林风眠的"变"，基本有迹可循。

但总体上来看，是与他的人生行迹分不开的，与他的处境息息相关的。

林风眠曾撰文介绍自己画《双鹭》的过程时说："多年前，我住在杭州西湖，有一个时期老是发风疹病，医生和家人要我出去散步，我就天天午后一个人到苏堤上来回走一次。当时正是秋季，走来走去，走了三四个月，饱览了西湖景色。在夕照的湖面上，南北山峰的倒影，因时间的不同，风晴雨雾的变化，它的美丽，对我来说，是看不完的。有时在平静的湖面上一群山鸟低低地飞过水面的芦苇，深入在我的脑海里，但我当时并没有想画它。解放后我住在上海，偶然想起杜甫的一句

《鹭》20 世纪 60 年代

《双鹭》20 世纪 50 年代

153

诗：'渚清沙白鸟飞回'，但诗的景象则是我在内地旅行时看见渚清沙白的景象而联想到这句诗的，因此我开始作这类画。画起来有时像在湖上，有时像在平坦的江上，后来发展到各种不同的背景而表达不同的意境。"

也就是说，他画的是自己的心，是自己内心的真实情感。

不管如何变，林风眠都是以艺术为尺度的，这与他的同时代的另一些风云人物有着明显的不同。

郎绍君认为，与徐悲鸿、潘天寿等艺术大师相比，林风眠主要是从西画的立场来吸收国画。林风眠是不可复制的，因为林风眠去法国时还不到 20 岁，他的画未定型，去到法国先学的是油画，回国后再学习国画。在西画吸收国画的艺术家中，林风眠无疑是最杰出、时间最长、影响最大的一个。

用吴冠中的话说，艺术创造都属个案，是非优劣全凭实践来检验。"无论如何，传统如逆水行舟，不进则退。林风眠的中西结合和潘天寿的拉开距离似乎是站在了相反的两极，但他们却都推进了传统的

百年巨匠
Century
Masters
林风眠
Lin
Fengmian

《塘》20 世纪 50 年代

《芦雁》20 世纪 50 年代

《秋鹭》20 世纪 50 年代

创新"。

　　他的学生吴冠中一直期待他的"归来"，因此，林风眠送给他一幅作品的时候，他激动地给老师写了一首诗：

　　　　捧读画图湿泪花，青蓝盈幅难安家。

　　　　浮萍苇叶经霜打，失途孤雁去复还。

　　林风眠仙逝后，在接受媒体采访时，吴冠中像个孩子一样，深情回忆了自己的老师：我每过香港必须要见他一面，心里总不免担忧，见一次少一次，能见的次数毕竟不多了。前年过港，照例先与他联系，打电话到他家，在录音电话中告知了我住处的电话，我于是整天不敢出门，等待他的回音，但直至晚上仍无消息，疑心他不在香港。夜半12点，电话铃将我吵醒，颇有些讨厌这么晚的干扰，我问是谁？答："凤鸣"。谁？我不认识"凤鸣"，答："我是林风眠"。我惊喜若狂，林老师在香港，且对我自称凤鸣，这样亲切的称谓令我受宠若惊，一时醒悟不过来是老师的电话。林老师说他下乡去了，回来晚了，听了录音知我来港，怕我第二天离去，故深夜赶着联系。我的泪滴落在电话机上。

吴冠中说，"从欧洲留学回国的林风眠，想以自己的一生为中国美术事业的革新作出贡献，当他终于明悟自己'毕竟不是振臂一呼而应者云集的英雄'时，便全力转向融汇中西创作之路，在逆境中，在少有知音的孤寂中耕耘了七十余年"。

对自己的一生，林风眠写了一则仅有200余字的自述：

……当然，我一生所追求的不单单是童年的梦想，不单单是青年时代理想的实现。记得很久以前，傅雷先生说我对艺术的追求有如当年我祖父雕刻石头的精神。现在，我已活到我祖父的年岁了，虽不敢说像他一样的勤劳，但也从未无故放下画笔。经过丰富的人生经历后，希望能以我的真诚，用我的画笔，永远描写出我的感受。林风眠 1989 年 7 月香港。

两年以后，1991 年 8 月 12 日，他就依风长眠了！

第九章 | 名：大与小

画声亦在人去后。

林风眠从油画领域的先驱者，到中国画领域的变革者，我们到底如何在林风眠的身后评价林风眠？到底该给他一个什么样的标签，才能配得上他的成就？

和谐之道

对于林风眠本人来说，名之大小，似乎始终并未考虑，对艺术孜孜以求，才是他终生未变的目标。

但林风眠并非把自己锁在象牙塔里，走入民间，从民间艺术中吸取养分，并形成自己的风格，是他持之以恒的追求。

他的学生赵春翔说，在林风眠临时居所看到的作品有三类：平剧、风景，及苗子等。

对这三类事物的持续关注，并通过变形，创造出艺术的陌生感，

《嘉陵江畔》20 世纪 40 年代

林风眠的创新性在旧事物的瓶子里，装入了属于自己风格的同时具有时代特色的新酒。

避居重庆期间，林风眠对风景和"苗子"的喜爱，似乎是当年在法国时杨西斯劝告他要关注中国艺术的一个落脚点。

关于风景，林风眠的学生赵春翔曾有文章专门提及：风景画的取材，大多数是从上海到重庆沿途所得的回忆，有海，香港的篷船，安南的女人，云南贵州的山，……我在那许多画的面前想跳起来，原因是我从来没有看到过这样动神的作品啊！虽然也曾看到过古今中外不少的名家风景画，但煽惑人的力量，确没有这样大，即使说我是偏见吧，但我的内心的感觉的确是这样的……

他的另一个学生席德进则记述了他这一时期的水墨摸索：这时他探索新的方法，开始画美女水墨。由于长期徘徊在长

《鸦》约 20 世纪 60 年代

《鱼鹰》20 世纪 50 年代

《鸬鹚渔歌图》20 世纪 50 年代

江与嘉陵江沿岸，翻山越岭，那雄伟的山河景象给予他难以磨灭的印象。每当从重庆渡江回家，就在观察那江边的船只、那山色的变化。于是他画了许多江边山水与船舶。

无论风景还是人物，林风眠所见与所画，都迥异他人。

还是他的学生吴冠中对他的艺术创新最为了解，"黑"是林风眠水墨画的主基调，而这"黑色"的后面到底有什么文化寓意，吴冠中并没有深入剖析。"1940 年前后，重庆一家报纸上登了一条消息：林风眠的棺材没有人要。我们当时吃了一惊，细读，才知香港举办林风眠画展，作品售空，唯一幅棺材卖不掉。我没有见过林老师画的棺材，但立即意味到黑棺材和白衣哭丧女的强烈对照"。

吴冠中说，黑墨落在白宣纸上所激发出来的强烈对照，当属各种绘画材料所能产生的最美妙效果之一。印象派认为黑与白不是色，中国人认为黑与白是色彩的根本，绘画的基石。正如黑在西方是丧事的象征，白在中国是丧事的标志，因之，黑与白极易使人联想到哀伤。但黑与白均很美，"若要俏，常带三分孝"，民间品味亦体会到素装中的白之美感。"林风眠竭力发挥黑的效果，偏爱黑乌鸦、黑渔舟、黑礁石、黑松林、黑衣女⋯⋯紧邻着黑是白墙、白莲、白马、白衣修女、白茫茫的水面。黑、白对照，衬以浅淡的灰色层次，表现了孤独荒寥的意境，画面透露着淡淡的哀愁与悲凉"。

40 年代时的林风眠，正处在人生的下坡路，"孤独荒寥"或许正是内心的真实感受，用压抑的黑色来映照内心的情绪，也是艺术家们经常性的选择。

退居嘉陵江畔，林风眠如痴如醉地沉浸在艺术实验中，起早贪黑地作画。当时，他创作的主要题材是重庆地区的沿江风光、山间景色。

这大约可说是林风眠从油画转向中国画创作的实验期，画作简

《鱼鹰小舟》1961年

《江畔》20世纪50年代

《花园》20 世纪 50 年代

《松林暮色》20 世纪 70 年代

单，构图明了，常常用寥寥几笔涂抹出山川、江流、堤岸。少年时老师教给他的那些中国画技巧，得到了有效的应用。虽然看上去是水墨画，但展现出来的情绪，却带有浓重的表现主义倾向，有一种忧郁、沉闷的情调。

或者可以这样说，这个时期，林风眠还没有完全从油画中跳出来，因此，在色彩的运用上，也仍然像画油画一样，翠绿、群青、紫红等多种色彩叠加在一起，非常艳丽，有了一种比较欢快的心情。《松林暮色》是林风眠这一时期最具代表的作品，"画面的远山、湖水、松林，都用阔大而简捷的几笔画成，十分精炼、肯定、泼辣。他在民间艺术上所汲取的这些特色，在这幅画里被生活的实感充实了起来，不知不觉地又糅合了西方绘画的方法。此画充分利用了淋漓的水墨在宣纸上的晕染效果，抹上两笔农民用作染料的靛青，又在树干上涂上几笔赭石，从而获得一种丰满的色调，表达出了景物的质感、空间感和掺入了画家深情地面对自然的特定意境"，用他的得意门生苏天赐的话说，"为其艺术风格又开了一个头，预示了以后的发展"。

秦杰先生指出，远山、树林、小河、房舍是其风景画的主要语言。河边有一排高大的乔木，树上的黄叶和红叶在夕阳的照射下显得十分辉煌，暮色降临，逆光的树干、屋顶、河岸溟溟欲黑，与灿烂余晖中的金红色的叶子形成强烈对比，近处的倒影在深沉的暖色调中闪闪发光，给壮美的画面增加了几分活泼的色彩。他以光色水墨化或水墨光色化的办法解决了光、色、墨统一关系，这是他对色的突破。那艳丽的红色、黄色和逆光处理是从油画变化而来，那黑色主调则符合中国画传统。树下的路、水中的影，多由灰绿、灰赭等中间色调绘成 —— 其色调、自然光都与西画有密切的关系，但其基调是水墨的，意境也和传统绘画一脉相承，中西绘画在他的笔下显得和谐统一。

在这个时期，除了尚黑，林风眠还使用重彩。

淡抹浓妆总相宜，自嘲是好色之徒的林风眠同时运用浓重的彩色来表现艳丽的题材。彩色落在生宣纸上，立即溶化、淡化，故一般传统水墨设色多为浅绛，如今追求浓郁，林风眠经常采用水粉厚抹、色中掺墨、墨底上压色或同时在纸背面加托重色，竭力使鲜艳华丽之彩色渗透入流动性极强的生宣纸，而保持厚实感。其色既吸取印象派之后色彩的冷暖转折规律，同时结合中国民间大红大绿的直观效果，寓丰富多彩于天真烂漫，严格推敲于信手涂抹。然而，华丽的彩色中依然流露着淡淡的哀愁。紧紧拥抱，相互依偎的满盆红花、遍野秋树，予人宫花寂寞红或霜染红叶不是春的惆怅；丁香、紫藤，或垂或仰，也令人有身世飘零之感；就是那杂花齐吐的庭院吧，仿佛误入"游园惊梦"的后花园，春如线，彩点中隐现着线之缭绕。

不得不说，吴冠中的感觉是奇妙的，对老师的内心煎熬，是十分了然的，他在老师浓艳的重彩之后，仍然看到了"淡淡的哀愁"。

色彩之舞

林风眠对"苗子"的喜爱，也仍然与色彩有关，苗族服饰中，对于色彩的大胆搭配，给了林风眠许多新的启发。

对此，赵春翔在文章中如是记述：大概是为了色彩的关系，从舞台又走向苗子的身上，也怕是林先生最近兴趣浓厚的焦点。他很想到苗区里住上半年，同他们生活在一起，可以多得一点深刻的体会，因为在街市上或路途间，所见的苗子，仅仅是他们的一面，而非全豹。我们需要他们的，是更多动作的变化，虽然如此，而林先生对于苗子的作品已有相当之多，与特殊的把握了。线条、色彩，及苗子的蠢然的情趣，

《游园》20 世纪 40 年代

《霸王别姬》20 世纪 40 年代

165

百年巨匠
Century
Masters
林风眠
Lin
Fengmian

诚朴的心扉，表现得活生生的。我相信在不久的将来，定会看到更真实、更卓绝的苗子的出现，因为林先生最近对于苗子的追求太起劲了。

对服饰色彩的关注，进而从"苗子"延展到戏剧。

赵春翔对此有详尽的记述：上海卜居，大世界的平剧部林先生处是常走到的地方，为着艺术，为着追求，林先生是不惜终日在那里（与）群众接踵擦背的，所以那老黄忠自言不老的姿态与情调，马上给你显明的一片臣子的赤心，那坚决的意志，效死的无由的怨怒，多少热情，多少眼泪，多少宿恨，在几笔简净、经济的线条下，表现无余。法门寺刘瑾听取跪读状文的一幅，设色几有油画的观感，浑厚磅礴之气，为之凌人，一种势力、权威、大方、自负可以一览无余了。而孙玉姣的丢玉镯门前绣鞋的感觉，又给你一种绝媚的迷惑。画是玉姣斜坐，拖在下半幅，身着印孔水裙，头戴花枝，玉镯在地，俨然一小家碧玉也，情动于内，心向于外，无意做鞋，心不在焉的味儿十足。四

《打渔杀家》20 世纪 60 年代

《白蛇传》20 世纪 60 年代

郎探母的公主，御碑亭送女外出的刹那，及打渔杀家的渔夫，那诸多的表情，不能不使人叫绝！更有那许多青衣的描写，是多青春、美丽、俊拔、冰洁、智慧啊！而难以忘记的，是每个人的明大的眸子，里面又含有无限的深情，那诸多的变化我们且不必说吧！

林风眠自己则说，戏剧给他的灵感，不只是色彩方面，还有动作。"我想从旧戏的动作，分化后再想法构成创作，在画面上或者可能得到时间和综合的观念……"

林风眠的戏剧人物与关良不同，不是简单的抽象和变形，而是像毕加索一样，通过抽象地连续展现人物的动作，来构成一幅具有动感的戏剧画面。

> 近来在上海有机会看旧戏，绍兴戏改良了许多，我是喜欢旧戏的，一时又有许多题材，这次似乎比较了解它的特点，新戏是分幕，而旧戏是分场来说明故事的，分幕似乎只有空间的存在，而分场似乎有时间的绵延的观念，时间和空间的矛盾，在旧戏里，似乎很容易得到解决，像毕加索有时解决物体，都折叠在一个平面上一样，我用一种方法，就是看了旧戏之后，一场一场的故事人物，也一个一个把他折叠在画面上，我的目的不是求物、人的体积感，而是求综合的连续感，这样画起来并不难看，我决定继续下去。在旧戏里有新鲜丰富的色彩，奇怪的动作，我喜欢那原始的脸谱，画了一共几十张了，很有趣，这样一画，作风根本改变得很厉害，总而言之，怪得会使许多朋友发呆，也许朋友会说我发狂了……

对此，林风眠又说：

> 我在上海的生活很简单，除画画外，就去看戏……旧戏

里有许多东西，戏台上的人，跳来跳去，而如果不了解原来的意义，那就看不出味道来。我一切用原始舞蹈的原则去评量她，这样台步就会觉得是三步或四步舞了。

戏剧台步与原始舞蹈是否能够产生关联，在林风眠这里并不重要。重要的是，在他的眼里，抽象的动作可以连续起来看，组成一个新的视觉图景，这样的图景区别于直观的肉眼感受，但又与主观感受有着直接且内在的联系。

百年巨匠
Century
Masters
林风眠
Lin
Fengmian

水墨仕女

林风眠的另一个创新，是水墨仕女。

郎绍君先生说：仕女，也是林风眠盛期作品的一个重要方面。由于时代的原因，裸女和时装仕女极少见了，所能看到的都是古装仕女，画法风格大体可分为两类，一类是墨笔勾勒，再染以墨、色者，其风格较近于传统仕女；一类用彩墨画，略有光的表现，肌体大抵用平涂，讲究统调，间以墨与白粉勾勒衣纹，大都刻画半具体半抽象的环境，营造一种朦胧的情调。总的看，这时期的仕女画用典雅的色泽捕捉一种可望而不可即的美，并由姿情和气质传达出东方女性的温柔娴雅、清淡秀媚、如诗如梦。没有"落花无言，人淡如菊"的感怀，却可以寻出"乐而不淫，哀而不伤"老传统的影响。其形式感与情调的创造，与画家吸取宋瓷的透明性、纯洁感有关，但所画仕女的迷人彩色、现代感和秀美神韵，应来自画家的心理经验和遥远的青春记忆。

林风眠对女性之美有自己的独到发现，这些灵感，是否真如他自己所说，部分地来源于自己的母亲？

在他向身边人的讲述中，他如是描绘自己的少年记忆，"我记得留下来的印象是我五岁时，在小河边住屋空地里，一个秋天的午后，母亲和她的堂嫂等洗头发的情形"。

少年的记忆往往并不准确，但却会十分深刻，"记得她们一面在制酒，一面在烧热水。在一个大酒瓮里装好酒，放在灰堆里加热，周围烧着干小树枝，同时烧水洗头发。这幅构图是很入画的（她们的衣

《读书仕女》20 世纪 60 年代

服都是青黑色的)"。

　　或许所画仕女更多蕴含了母亲的形象，或者说，他笔下的仕女，多有几分母亲化身的意味，因此，看他的画，总会带着淡淡的、隐约的忧郁，没有世俗的美艳，不会令观者想入非非。

　　在作家陈家萍的眼里，林风眠的仕女们都有着某种仙气：他的仕女图，姿态不一，或绿衣晨妆，或犹抱琵琶，或轻抚古琴，或幽幽吹笛，但，皆薄衣轻纱，袖宽裙长，似乎能羽化成仙，如敦煌壁间飞天神女。她们一律瓜子小脸，乌发如瀑，柳眉凤眼，樱唇小口，下巴如削，低眉敛眸，或颦或笑，或温婉或飘逸，全都有着自己的灵魂。她们吐气如兰，气质温婉，有竹的挺拔，有梅的高洁，却又有一股挥之不去的薄雾轻愁：那是深入骨髓的妩媚。是的，林风眠告诉你，妩媚不属于锦衣华服，不属于浓妆艳抹，而是素雅清丽的佳人自内而外氤氲出的一种神韵。这种神深锁在眉宇间，便成不尽的忧伤；这种韵藏掖在衣袖中，寂寞无人能解。即使是浓洇得一塌糊涂的秋色和潋滟妩媚的春光，也笼着一股薄纱般的轻愁。

一千个人的眼里，有一千个哈姆雷特。一千个人的眼里，也有一千个仕女的象征。

但通常来说，林风眠笔下的仕女，使传统中国的仕女图，具有了前所未有的现代气息和都市味道。

《白衣仕女》20 世纪 60 年代

郎绍君先生认为，林风眠"更多的现代仕女具有唯美倾向，以半身肖像式构图为多见，均以细线勾勒五官、手和衣纹，面部和肌肤留白，衣服和背景染以丰富的色与墨。仕女尤其裸女们多取斜倚姿态，头、颈和身体成曲线，使人想到马蒂斯、莫底格利阿尼和雷诺阿笔下的美女。从 20 年代

《持花仕女》20 世纪 60 年代

《敦煌仕女》20 世纪 50 年代

《繁花仕女》20 世纪 60 年代

的油画到 1940 年前后的彩墨人物，我们都找不到马蒂斯、莫底格利
阿尼和雷诺阿的影子。他们影响的出现，大约是在林风眠回到杭州之
后，在画这些城市女性时出现的。从绘画上讲，笔线、墨色与白描，
是东方的；而色彩、姿情等又流淌着西方现代艺术的意味。这种中西
的结合，是形式与内容、方法与情感的合一，没有生硬感，与画家的
生活和心灵世界相一致，在当时，它们为许多青年艺术家和文化人所
激赏，不是偶然的"。

灵动之鸟

百年巨匠
Century
Masters
林风眠
Lin
Fengmian

　　林风眠非常喜欢画小鸟，他笔下的小鸟个个姿态生动，沉静而自信，远离喧嚣世俗的纠葛，于一枝沉静的枝头上，用自己的姿态，表达着某种生活态度。

　　丘晓雁女士在一篇专门研究林风眠画鸟的文章中说，林风眠的小鸟都有明亮的树叶背景，而且都是栖于树枝上的。值得注意的是，他没有画飞鸟（我这里指的是小鸟，不包括鹭和雁），也没有画跳动打斗或者觅食的小鸟，这些小鸟立在枝头，或耳语，或互视，或注视远方，呈现出文雅静穆状态。林风眠画小鸟站立的树枝，简约明快，寥寥几笔，或粗或细，或浓或淡，生动传神。如，《秋天的小鸟》在浓密的树叶下，九只小鸟栖于树上，在阳光透射树叶的背景下，鸟儿显得

《立》20世纪60年代

《秋叶栖禽》20世纪60年代

《憩息图》20世纪60年代

安详，呈现一派祥和静谧气氛。《立》的树枝更是一绝，画家运用腕力，举笔一挥，枝影横斜，小鸟立于枝头，孤寂落寞，跃然纸上。

超然，孤寂，虽不似"八大"的鸟，满眼皆是青白色，但也透露着他的某种生活信念。

1972年出狱后，林风眠给著名诗人艾青写了信并寄两幅画，一幅是画一只孤雁在芦苇塘上低飞，另一幅是一只孤鸟蹲在树枝上。艾青说，不了解林风眠苦难的人是无法读懂两幅画的含义的，而他读懂了。他说："你看，迎风的芦苇，暗淡的秋色，凄凄凉凉。在我的视角里，那只雁，那只鸟，不正是寂寞、孤独的画家自己吗？"

但吴冠中对老师林风眠的小鸟，也有自己的理解。显然，他看到的是林风眠的童心，以及简单构图背后的良苦用心：林风眠爱画林间小鸟，成群小鸟都缩成墨色团团或灰色团团满布画面，像孩子作

百年巨匠
林风眠
Century
Masters
Lin
Fengmian

画，画得多多的，满满的，淋漓尽致。小鸟都静静地乖乖地躲在叶丛或花丛中，椭圆状的花叶与团状的鸟之体形配合和谐，相亲相吻。枒杈横斜，将鸟群与花叶统统织入紧凑的构图，予人视觉形象的最大满足感。从孩子的天真，爱鸟的童心，林风眠进入形式结构的推敲与经营，但其经营与推敲之苦心，竭力不让外人知晓，外行看热闹，内行看门道，仿佛只是任性涂抹，作者于此呕尽心血。

丘晓雁分析了林风眠画法上的特点：在艺术上，林风眠小鸟的彩墨画，着色浓重，色感和质感较强。吴冠中说，林风眠在色彩上"常将油画中的光影的闪烁与色彩的华丽移植进宣纸中"。以《晨曲》为例，画面上是早晨，一群小鸟立在树枝上，阳光是从背面透射过来的，叶面浓绿相间，呈现出淡黄淡绿的色彩，在浓密叶面的间隙，可以看到阳光的亮色，小鸟的背景很美，色彩浓烈，反衬出一群黑色的小鸟，平静地立在枝头上，或用小嘴整理羽毛，或侧身凝望，或唧唧私语；在彩墨画《憩息图》中，小鸟正面蹲立枝上，或独栖或三两成群，或是沉思，或是调皮，或是远视，神态各异，活泼动人。另外，林风眠小鸟水墨画特点是，充分利用宣纸吸水性和水墨散发的特点，浓淡相间，使意境变得朦胧，给人们更大的想

《小鸟》20 世纪 60 年代

象空间。相对于传统花鸟画而言，林风眠没有对小鸟作工笔画式的细致描绘，而是吸收西洋画中与观者保持相当距离的审视方法，使小鸟神情兼备，达到更好的艺术效果。

　　林风眠的小鸟画，还有一个很重要的特点是，大都以黑白两色为基调的，间或使用一些淡黄或淡绿色，这样更突出了小鸟的神态特征。吴冠中在总结林风眠的艺术特点时说，他大部分作品"是紧紧咬住黑白的"，"为了突出画里的黑白主宰，其他部分便运用各种手法组成起供奉作品的中间调"。

《红花小鸟》20世纪60年代

　　郎绍君先生认为，花鸟特别是鸟的刻画，是林风眠盛期艺术的另一重要方面。30～40年代最常画的丹顶鹤，到50年代后变成了白鹭，又增加了雏鹭，画法也有了很大变化。早就创造了程式的鱼鹰仍然伴着水墨渔船出现于画面，但总是令人想到画家在重庆江边生活的那段经历。这时期给人印象极深的，还有乌鸦、猫头鹰和总是蹲立枝头的不知名的小鸟。"群栖于枝的小鸟，是林风眠花鸟画的又一创格。典型者如《樱花小鸟》、《冬日》、《春》等。它们是鸟，但说不出是什么鸟，且大都正面蹲立枝上、花间，情景交融，气氛轻松、欢快，流溢着画家对大自然、小生命的爱怜。这些小鸟，大都没有对眼、爪、羽、翅的细致描绘，好像是与观者保持着相当的距离。

这显然吸收了近代西方绘画的观察方法，而与传统花鸟画淡化距离、具体刻画的方法不尽相同。"

林风眠不甘于重复，不甘于在沿袭守旧中完成一个画家的使命，因此，他不断地摸索，不断地在中西之间，做着艺术的调和。

在写给学生赵无极的一封信中，他这样表达着自己的心志：

我常常想，在新派作风中，我们闻到了汽油味，感觉到高速度，接触到生理的内层，心理的现象，这种形式他们发现了，也代表了他们这一个时代：20世纪上半期。但是20世纪下半期的东西怎么样呢？是不是再这样重复？……也许在2000那一年，会有美术史家把高根、马蒂史等看作像Cimabue，Giotto等等一样呵，你相信吗？你看见的盛唐的壁画，这是一个形式的来源，但要它变为20世纪下半期的东西也不容易。文人画也是一个来源。我一天到晚总是在想，东方的形式和西方不同的基本上是什么？……是不是西方的光暗较强，一与二成对比，东方的是从一到二？是不是前者是空间的观验（念）多而后者是把时间的连续作为出发点？这样像印象派的色彩，主要像Renoir的色彩是不是一到二？他是

《紫藤小鸟》20世纪60年代

《繁花小鸟》20 世纪 60 年代

不是用一比二的立场去寻求一到二，而哥根明白了一到二的立场，而解脱不了一比二？我往日有一位朋友说，卑加索（毕加索）像白天关在房子里的蝙蝠东碰壁西碰壁，我细细的想，他给了我们 20 世纪上半期许多碰壁的经验，得到了许多新形式，可是我们在艺术方面，眼总是睁不开。近来画了许多新画，自己以为有进步，给芬的信时说到我看见一点光，芬说我客气，其实我大大吹牛了。因为你谈到盛唐的壁画，使我想起了许多，我看见的光，就是这东西的发亮，我很高兴你也看见了。

看见了光的林风眠，不肯在黑暗中继续摸索下去，他要在光里，去开始自己新的征程。

柔情画风

对于林风眠的评价，似乎一直是中国画坛的争议性话题。

毁谤者有之，誉美者有之。

北京电影学院美术系教授、著名当代艺术家宫林说，他是风格独特的伟大艺术家，艺术成就超过徐悲鸿，但是因为政治因素，一班人对他评价不高，许多所谓的艺术评论家不懂艺术！而画家、散文家高海军则认为，林风眠在艺术上是极为纯粹之人。"正如杜尚所言，我不关心艺术，我只关心艺术家"。正是因为林风眠的这种艺术上的纯粹，"让他超越了许多中国画画家"。

梳理对于林风眠评价的争论，誉之者一般都对西方现代艺术有较为深刻和全面的了解，把林风眠置于东西方艺术比较的范畴来做横向的分析和研究，而毁之者一般为传统中国画的拥趸，对西方现代艺术所知不多或者不愿意把东西方艺术置于同一平面进行分析研究。

以国内素有声誉的传统中国画批评家陈传席先生为例，陈传席说："林风眠的绘画，虽然取得一定成就，然其艺术价值并非太高。虽然'艺术根本是感情的产物'（林风眠语），但没有相当的基本功（绘画技巧）是不可能有相当水平的艺术品。即使是感情十分丰富的人，如果没有绘画技巧，也照样画不出画来。林风眠倡导调和中西艺术，然而他中、西的绘画技巧都不十分过硬。"

为了支持自己的如上观点，陈传席先生进一步说，"中国画的基础是书法，林风眠终其一生没有进入书法大门。从他画上题字可以看

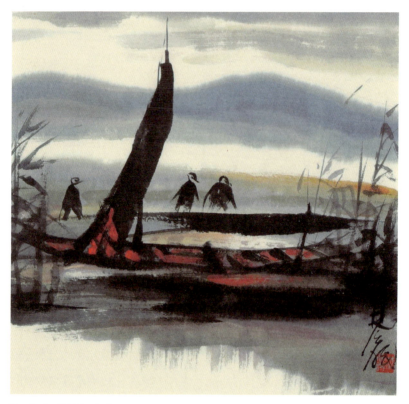

《泊》20 世纪 50 年代

到,他只会写字,而不懂书法艺术"。

诚然,在传统中国画的批评体系里,绘画是书法的寄生物,所谓书画同源,有着文人书画话语霸权深刻的烙印。

然而,不思创新的传统中国画家,因为种种局限,现在仍然回到百年前的老路上去,把评价中国画的标准重新定义在董其昌等人身上。这不但是传统中国画的悲哀,更是中国当代美术的悲哀。以书法为一切创作原点的传统中国画,已经走不出绘画机械重复书法、后人机械重复前人、自己机械重复自己的怪圈,表现不出新的形式,产生

《泊》20 世纪 50 年代

不出新的语言，创造不出新的文本，整合不出新的话语。

从中国走出去，在西方画坛赢得极高声誉的赵无极也说：在我看来，中国画 16 世纪以后就丧失了创作力，这以后，画家不过是抄袭唐汉的伟大传统，中国画成了笔墨技巧，把美和技术混为一谈，手的动作和笔的运转有了一定的法规，不再有变化的空间。从小我就觉得这种传统是一种枷锁，必须挣脱。

郎绍君先生认为，林风眠的画"综合了中国古代绘画和西方近代绘画的视觉经验，在否定传统文人画的程式和模式的同时，吸取与保留传统文人画重神韵的本色，使中国画的语汇既具民族性又具世界性，创造出富有时代气息和民族特色的、高度个性化的抒情画风"。

与陈传席的贬斥之词不同，郎绍君用现代美术的评价标准，给了林风眠以极高的荣誉："他将西方表现主义绘画的夸张、变形及强烈的情感表现融入中国的写意画和民间绘画中以成就其人物画，将西方风景画的构图、色彩融入中国画的笔线和写意性中而成就其风景画。这种新的绘画结构和风格既不同于传统，也不同于西方，为中国现代绘画提供了切实可行的发展思路和风格典范，为中国画革新做出了巨大贡献。"

英国牛津大学著名学者苏立文曾说："林风眠在中国现代绘画史上占有独特的地位已是世界公认的。"

塞尔努西博物馆馆长埃利斯塞夫评价说："林风眠是首屈一指的，也就是说，他是唯一的已经接近了'东西方和谐和精神融合的理想'的画家。"

林风眠的新中国画，有着自己鲜明的特点：

林风眠的新中国画，从形式上，不再题诗、盖印，只写上林风眠三个字，与油画在题写方式上基本相同，从而与传统中国画有了明显的区隔。

林风眠的"方形画"，突破了"立轴式"和"长卷式"这些传统样式，创造了一种新的布局方式。林风眠自己说，这方形布局由宋画而来，但在传统中国画史里，此种形式向来没有获得重视，更没有成为主流。林风眠不拘俗见，勇破陈规，大胆地把方形构图当成一种新的中国画美学取向，给了新中国画一种全新的视觉冲击力。构图的变化，导致了林风眠的绘画产生了远比传统中国画更丰富的美学内涵，所谓的平远、深远及高远的审美要求，在林风眠的绘画里，不再成为美学门槛。

林风眠的新中国画常引入静物、裸女、风景等，丰富了中国画的内容；与传统水墨画不同，林风眠的新中国画画多用墨彩，善于将水彩、水粉、积墨一并使用，创造了新的色彩美感。

林风眠的新中国画从传统中国画中，抽离出具有独特个人审美之感的元素，并从瓷器中获得灵感，所绘人物、仕女、动物有隆突的弧曲之美。

《渔夫与鱼鹰》20 世纪 50 年代

百年巨匠
林风眠
Century
Masters
Lin
Fengmian

林风眠的新中国画不再以所谓的诗意为最高美学标准，而是着力在画意中沉浸自己的个人情感，无论是内心的孤独，还是扭曲的灵魂，都真实可触。把自己内心的真实，写在画纸上，而不是充当笔墨的奴隶。

张爱玲曾说过，"中国的洋画家，过去我只喜欢一个林风眠。他那些宝蓝衫子的安南、缅甸人像，是有着极圆熟的图案美的"。

评论家北川说，林风眠用源自中国民间的轻灵活泼、富有力度的线条，创作出充满音乐韵律感的形象（比如"鹭"系列），加上他独特的、富有意蕴的色彩语言，营造出了一种或孤寂空灵（如"芦雁"、"塘"系列），或宁静抒情的优美意境（如"风景"系列、"小鸟"系列）。

英国牛津大学著名学者苏立文曾说："林风眠在中国现代绘画史上占有独特的地位已是世界公认的。""他突破传统国画构图的立轴和横卷形式，在方形的框架中描摹丹青，弱化了绘画中的时间因素，呈现出一种平衡稳定的静态美"。

评论家陈默说，"我以为他的艺术从整体面貌看呈现以下显著特点：一是墨韵浓郁，有着较为清晰的传统文脉线索；二是有着明显的西方现代主义语言痕迹，但文化诉求却绵里藏针；三是东西方视觉表达交织混沌，在东方神韵的气场里隐含西方艺术语言的跨界魅力；四是强调精神释放张力，似刚似柔如泣如诉；五是个性面貌十足，语言独立，表达强势。这些艺术特点都反映在他的不同时期的系列代表作品中，并且也有力地验证了他倡导的'我们应该冲破一切束缚，使中国绘画有复活的可能'的时代精神"。

塞尔努西博物馆馆长埃利斯塞夫认为，"他（林风眠）综合了中国古代绘画和西方近代绘画的视觉经验，在否定传统文人画的程式和模式的同时，吸取与保留传统文人画重神韵的本色，使中国画的语汇

《山村》20 世纪 60 年代

既具民族性又具世界性，创造出富有时代气息和民族特色的、高度个性化的抒情画风。林风眠将西方表现主义绘画的夸张、变形及强烈的情感表现融入中国的写意画和民间绘画中以成就其人物画，将西方风景画的构图、色彩融入中国画的笔线和写意性中而成就其风景画。这种新的绘画结构和风格既不同于传统，也不同于西方，为中国现代绘画提供了切实可行的发展思路和风格典范，为中国画革新做出了巨大贡献"。

　　也许，一切理论上的描述都是空洞的，都不足以描画林风眠的新中国画所带给我们的超然的美，他的学生赵春翔的一段话，或许可以让我们从直观美的角度，更切近地了解林风眠："我知道许多人的风景画是不大分季节与气候的，许多人的风景画是停止在自然形色的尽头了，许多人缺少了生命与热情，你若在林先生（林风眠）的许多不同调子的风景画的面前来品评时，你会觉感到诗化、神化，有的是狂暴、动荡、静穆、舒适、空气、幽趣、爽朗……

从林风眠开始，创作新中国画成为一些中国画家的艺术追求。

第十章　爱：舍与得

林风眠的学生席德进对他说，正因为你的婚姻不幸，正因为你一直孤独，才成就了你的艺术。

但对于林风眠来说，他的情感世界真的是荒芜而凄凉的吗？他的人生真的是孤独而悲伤的吗？

德国之爱

晚年一直陪伴林风眠的冯叶在文章中说，"义父（指林风眠，冯叶对外界向来如是称呼）一生的爱情生活，也似乎不是太顺利：从小家里就给他找了份'娃娃亲'，不过，自小他就不准备留在家乡的了，所以还没圆房就离开了，到法国后写信给家人退掉了这门亲事。在第戎美术学院念书的时候，他爱上了一位法国女同学，这大概是他的初恋，可惜这位女孩子瞧不起他（义父语）。所以也只能算是单相思的失恋了。几年后，他们又见上了面，这位女同学已经因肺病而病入膏肓，不久于人世了"。

林风眠的第一段情感，外界所知甚少，在林风眠的有关叙述里，甚至都没有提到过这段经历。

但第二段情感经历，其他见证者的叙述，却与此不符。

留学期间，一直与林风眠在一起的李金发说，林风眠的这位"法国初恋"，并没有瞧不起林风眠，一直是两情相悦，倒是去德国"躲避凶年"，当快乐食客的时候，突然爱上了一个德国漂亮女子，然后理智地与法国女友分手。

郑重先生在他的书中，对林风眠这段经历的描述，也基本采纳了李金发的说法，与冯叶的说法大相径庭。

郑重在书中说，"经朋友的介绍，他和一位法兰西女郎做了朋友。这位女郎是第戎美术学院的同学，其时已在邮电局任职"。

郑重略带戏谑地说，"林风眠的生活中经常会有一些艳遇。一

天，他在马克兑换市场和对方讨价还价，由于
他的德语还不行，价格总有些吃亏，他又不富
裕，手中就那么点钱，这时有位德国女郎帮他
讨价还价"。

方·罗拉

这位漂亮的德国姑娘，是柏林大学化学
系学生，名叫方·罗拉。

罗拉是一位孤儿，在银行门口排队换钱
认识后，两人相恋。很难说是什么打动了这
两位年轻男女，但彼此间是否有心灵上的孤
寂之声在轻轻和鸣？是否有眼神上的温暖渴望在柔软相碰？或许只
有他们才能说得清楚。

我们看得到的事实是，两个人不顾种种阻挠恋爱了。因为当时德
国对黄种人存在一定程度的种族歧视，两个人颇费周折才结成了婚。

林风眠和第一个妻子罗拉在一起的时间并不长，大约只有一年
多的时间。从德国回到巴黎以后，在生孩子的时候，罗拉患了"产褥
热"，母子两人相继失去了生命。这段经历，像十几年前失去母亲的
那场灾难一样，在林风眠的内心深处残酷铭刻。

画家冯叶也在她的文章中提到林风眠的这段经历："因为那时还
未发明抗生素，竟然在巴黎，让一场产褥热接连夺去了母子两人的生
命。这段经历，义父是提了又提，说了又说，叹息不已。直到晚年还常
常拿了这位夫人的照片看了又看，对我追述当时的情景，令人心酸。"

患难与共

爱丽丝·法当

罗拉去世后，林风眠一度沉浸于痛苦之中，不能自拔。

林风眠的朋友们忽然想起另一个法国姑娘曾经对林风眠有过好感，送过玫瑰给林风眠，于是辗转找到了那个法国姑娘，两个人终于有缘相聚。

这个法国姑娘就是林风眠的第二任妻子爱丽丝·法当。

1926年，林风眠学成回国，法当陪同林风眠一起，来到中国生活。

据音乐家李树化的女儿李安妮回忆，林风眠移居杭州后，"林风眠的太太成天忙于工作，协助林风眠办画展无暇顾及女儿，常常将女儿蒂娜托付给我妈妈"。

可惜的是，离别的气息时时笼罩在这对异国夫妻的身上，林风眠和法当几十年的婚姻，都是分开的时候为多。抗战八年，林风眠去了大后方重庆，妻子和女儿二人留在了沦陷区上海，抗战胜利后才得以重聚。

1956年，妻子与女儿女婿离开了上海，去巴西定居，林风眠就一直单独居住在南昌路的小楼中，孤孤单单地埋首创作。

在林风眠的外孙杰拉德·马克维茨的眼里，外祖母是深爱着外祖父的，"我亲眼见证了外祖母对外祖父坚贞的感情和真正的关心与体贴。中国20世纪60年代初的灾难时，外祖母自己省吃俭用，不停地给外祖父往上海寄食物，又不停叮嘱他的学生一定要替她照顾好外祖父。外祖父

林风眠和爱丽丝在故居内

在监狱时，外祖母心急如焚，不停写信给中国的要人，请求释放外祖父。好不容易盼到了与外祖父团聚的那一天，我又亲眼见到了她眼里从未有过的光"。

爱女蒂娜

除了两任妻子，女儿蒂娜就是林风眠的最爱。

李安妮是蒂娜的发小，对幼年时的蒂娜，有着十分精彩的描述：

记得母亲说过，幼年时我对蒂娜很友好，她比我小三个月，当母亲抱着她时我不吃醋，还很谦让这个妹妹。蒂娜是个惹人喜欢的女孩，人家一逗就笑，而我是个不爱言笑的女孩，遇到陌生人还会躲在母亲背后，而这时候母亲则会将我从背后拉到人跟前来锻炼我的胆量。

小时候我家常常有艺专教师到家里聚餐，我和蒂娜等到客人散席之后，拿起杯里剩余的甜酒猛喝起来，等我父母送客完毕看到我已经醉倒一边，蒂娜吓得一旁哇哇大哭。三岁时，我常常模仿大人的举动，我学着父亲拿讲义夹出门的模样，拾一本册子夹在臂弯里，有模有样地跟妈妈说：我上课去了！再见！做游戏时，我常常让蒂娜当我的学生，自己充当老师讲课。可见我幼年时就有当教师的志向。节假日里，我们两家常常串门，记得有一次从我家到

林蒂娜

葛岭山庄（林风眠的居所）路上窜出一条一米多长的毒蛇，父亲把我扔给妈妈后，拾起路边的石头砸死了毒蛇，从那以后，每次要到林风眠家都备一根木棍，怕再遇到毒蛇。

1936年，林风眠全家福

在李安妮的记忆里，林风眠十分宠爱女儿。"父亲平常不苟言笑，我从来不敢向他撒娇。而蒂娜却常常双手吊在我爸爸的脖子上撒娇，或者坐在爸爸的腿上，让我好不嫉妒。蒂娜抱怨她的父母亲不喜欢她，使她孤独。有一次，林风眠要出差，临走前，蒂娜抱着他的腿不让他走，是我父亲把蒂娜抱回家里。蒂娜常常把我父亲当成她的父亲，把我妈妈当成她的妈妈。妈妈更是对她也如同己出，我有条裙子，蒂娜一定也有一条相同的裙子"。

也正是在李安妮的相关文章中，我们首次知道蒂娜曾经喜欢林风眠的学生赵无极。"蒂娜对赵无极怀有恋情。赵无极是艺专的学生，是银行家的儿子，十四岁那年他被杭州艺专破格录取。那时候，我跟蒂娜才七岁，赵无极哥哥常常把我们两个女孩带进校园，我们成了他的跟屁虫。跟着他在校园捕蝴蝶，抓蜻蜓，抓知了，捞蝌蚪。他在上课的时候我们不能跟进教室。我和蒂娜好奇地趴在门缝偷看，他们正上人体素描课，模特没穿衣服，我不好意思想离开，蒂娜却不以为然"。

李安妮说，"我并不知道蒂娜什么时候爱上赵无极，当赵无极与艺专学生谢景兰结婚的消息传开时，她暗地里哭了好几天，让我不知如何安慰"。

蒂娜跟随母亲出国后,生活境遇并不好。嫁了一个牙医丈夫,整整比她大 20 岁。林风眠对此并不支持。"林老对于自己女儿不争气很失望,却常常鼓励我。他在晚年时候曾经跟我说:请你不要放弃我的女儿蒂娜"。

据李安妮说,正是林风眠的这句话,激励着她,让她一直牵挂着蒂娜。

李安妮 70 岁时,终于再次见到了同样 70 岁的蒂娜。"眼前的蒂娜跟四十年前的她判若两人,不修边幅,身体臃肿,整个就像一个乡下妇女。我在法国为她准备好几套跟我一样的T恤和裙子送给她,为她设计了发型,再把她拉到镜子前看她修饰后的变化,看到镜中的自己她开心地笑了"。

林风眠去巴西探望妻子女儿的时候,曾经给她们带去了好多画作。但正是这份特别的爱,宠坏了蒂娜的孩子。

李安妮在文章中说,"2000 年的 7 月份,我再次到巴西见蒂娜,那时正是林风眠诞辰一百周年刚过。我鼓励蒂娜跟我一起回到中国美院看看,那是我们童年一起生活的地方。她说:她文化程度低,不适合大场面,怕丢人。我说:不要怕!我陪你,只要你在场就行,一切由我来对付。因为那时候已经有人想取代蒂娜的地位,她犹豫了,杰瑞看到我要把他妈妈带走,也不让妈妈离开他"。

2008 年 2 月 18 日的一个下午,"我(李安妮)接到杰瑞的电话,我电话一接通就听到杰瑞的哭腔:我妈妈心脏病死了。我头脑顿时空白,难怪那几天我一直睡不好,原来我们相隔遥远依然息息相关,心有灵犀!我在世间唯一的好妹妹就这样离开了我"。

骨肉亲人

林风眠的女儿蒂娜去世后，她的儿子杰瑞（即杰拉德·马克维茨）终于有机会来到母亲的故乡 —— 中国。

在接受中国媒体采访时，杰拉德·马克维茨说，想把外祖父的骨灰从香港某道观移出来，挪到杭州，同时希望将外祖母的骨灰移过来，与外祖父合葬。外祖母一生都很辛苦，与外祖父聚少离多，她的骨灰现在仍在巴西。

杰拉德·马克维茨坦率地承认，"家庭状况一直不好，贫困、外祖母多病、母亲去世等一系列打击甚至令我崩溃，之后得了重病。随着年龄增大和母亲离世，我觉得帮助外祖父完成生前遗愿的重担落在我的身上了。"

他也向媒体告知，林风眠曾经在巴西画了许多画："1983年第四次来巴西时，外祖母已经去世了（爱丽丝于一年前的6月13日去世），他又在那里待了6个多月，是最长的一次。他这次来带了纸和笔、颜色还有四颗印章，在巴西画了很多画。"

妻子仙逝了，林风眠不远万里去巴西，当然主要是去看女儿。

在接受记者采访时，杰拉德·马克维茨告诉记者，他的外祖母、父亲、母亲是在1956年移居去巴西的。"我的父亲是犹太人，当时联合国对犹太人有特殊政策，只要有去处，可以提供（移民）方便。外祖母本来就是法国人，他们就先走。"

也就是从这时，林风眠一个人开始了孤单的生活。妻子和女儿都

林风眠与女儿（左）、外孙合影

远赴他乡，前途未卜地漂泊异国。

林风眠没能同行，他的外孙十分理解，"外祖父在中国属于当时很有影响力的高级知识分子，国家不允许，他也没有去想移民这个事情。而且当时他们在国内生活比较拮据，外祖父觉得让家人出国也是一条出路"。

临行前，林风眠将一箱画作和早年收藏的古董都交给了妻子和女儿，让她们带走。

由于林风眠的画作当时在国外并无影响，所以，这些画没有改善蒂娜和妈妈的生活状态，在巴西她们一直都住在租来的房子里，总是从一个地方搬到另一个地方。

到巴西以后，林风眠的妻子靠平时教别人法语谋生，一家人的日子过得很紧张。

林风眠去世前，托别人给女儿蒂娜寄去 5 万美元。

收到钱以后，蒂娜首先想到的就是去买房子，这算是林风眠未了的遗愿。"但这些钱还不足以买整栋房，母亲没有工作，银行不愿意贷款给我们。后来由邻居出面担保，银行才同意贷款，1995 年 8 月份，母亲终于买下属于我们自己的房子"。

2008 年 2 月 18 日，林风眠的女儿突发心脏病晕倒，儿子叫了出租车送她去医院，还没到医院，就死在了儿子的怀里。

我要回家

杰拉德·马克维茨说，"他（林风眠）那时（临终前）非常想见我们，可他身边一个人都没有。母亲说到此就泣不成声"。

林风眠的学生苏天赐告诉蒂娜：林风眠曾在不能说话的情况下，用笔写下过："我想回家，回杭州。"

林风眠死后，骨灰没有被放置在事先买好的墓地里，这也让杰拉德·马克维茨深感无奈：他竟被孤零零地弃放在香港那无人知晓的道观里。

杰拉德·马克维茨说，"我和母亲一样坚信他的最后几年一定过得很凄苦和悲哀。他和我们一样都是受害者。但无论怎样，我相信他现在已和外祖母、母亲在天堂团聚了，那是一个对他们来说再安全不过的地方。再也不用担心，再也不受侵犯，更不用再去看任何装腔作势的小人演戏了"。

1978 年，林风眠在香港作画

从他的话外音我们可知，在林风眠与妻子即他的外祖母之间，一定产生了什么隔阂和障碍，他说：过去的 70 余年，战争、饥荒和中国的大小"运动"，之后又因小人的阴谋、贪婪和作践，我的外

1990 年，林风眠与吴冠中合影

199

祖母没跟外祖父过过好日子，但可是不知何时，外祖父身边却跟着一个人，无时无刻地威胁着外祖母等待已久的梦……所以我一定要让外祖母死后圆梦，让她永远跟外祖父在一起，永不分离。

虽然一度孤单，但林风眠总是被爱和照顾着，虽然这"爱"的内涵多种多样，有夫妻之爱，有师生之爱，有晚辈对长辈之爱，有崇拜者对画家之爱。

我们不想区分这些爱，相信每一种爱，都是真诚的，发自内心的，而林风眠正是在这种种爱的包围之中，走完了人生旅程的。

林风眠说，"我要回家"！

家，在爱中，在风里，在远方。

参考书目

◎ [美]艾朗诺著，杜斐然、刘鹏、潘玉涛译：《美的焦虑：北宋士大夫的审美思想与追求》，上海古籍出版社，2013年。

◎ [美]高居翰著，杨宗贤、马琳、邓伟权译：《画家生涯：传统中国画家的生活与工作》，三联书店，2012年。

◎ [美]高居翰著，李佩桦、傅立萃、刘铁虎、任庆华、王家骥译：《气势撼人：十七世纪中国绘画中的自然与风格》，三联书店，2009年。

◎ [美]乔讯著，邱士华、刘宇珍等译：《石涛：清初中国的绘画与现代性》，三联书店，2010年。

◎ 林风眠绘，郎绍君著：《中国名画家全集：林风眠》，河北教育出版社，2002年。

◎ [英]柯律格著，刘宇珍、邱士华、胡隽译：《雅债：文徵明的社交性艺术》，三联书店，2012年

◎ [英]柯律格著：《中国艺术》，上海人民出版社，2013年。

◎ [英]E.H.贡布里希著，杨成凯、李本正、范景中译：《艺术与错觉》，广西美术出版社，2006年。

◎ （清）石涛著：《苦瓜和尚画语录》，山东画报出版社，2007年。

◎ 陈传席著：《中国绘画美学史》，人民美术出版社，2009年。

◎ 石守谦著：《风格与世变：中国绘画十论》，北京大学出版社，2008年。

◎ [英]迈克尔·苏立文著,陈卫和、钱岗南译:《20世纪中国艺术与艺术家》,上海人民出版社,2013年。

◎ 孙晓飞、陈玉珍著:《新中国画四大家》,外文出版社,2014年。

◎ 林风眠著:《林风眠谈艺录》,中国青年出版社,2014年。

◎ 陈厚诚著:《死神唇边的笑:李金发传》,上海文艺出版社,1996年。

◎ 郑重著:《画未了:林风眠传》,中华书局,2016年。